介護現場をイキイキさせるマネジメント術

柴垣　竹生

はじめに

多職種連携とＬＩＦＥへの戸惑い

いま介護業界はひとつの節目を迎えている。２０２１年度介護保険改正において、多職種連携の手段ともいえるＬＩＦＥ（科学的介護情報システム）が導入されたからだ。今後この課題への取り組みは、介護事業経営の必須事項となっていくだろう。

介護保険改正の中で多職種連携の重要性が示されるのは、何もいまに始まったことではない。それは多様な連携加算の新設と対象拡大を通じて、近年、改正の度に繰り返し発信されてきた「制度の方向性のメッセージ」でもあった。

今回のコロナ禍の中で、とりわけ施設系・入居系の介護職は、その意義を強く実感しているのではないだろうか。感染防止に対する看護職の知識・スキルの有効性や、行動制限を余儀なくされた利用者に対するセラピストの生活不活発病防止へのアプローチなどを目の当たりにして、改めて他の職種と協働することの価値に気づいたという声は少なからずきかれる。

だが、これまで介護事業における多職種連携はあまり進んでこなかった。介護現場で日々発生するコンフリクトの何割かは、いまだに多職種間の行き違いだ。介護職と看護職の間で、介護職とケアマネジャーの間で、社内・社外を問わず毎日のように意見の食い違いと対立が起きている。そんなことは起きていないという管理者も、介護と医療のスムーズな連携のために、あるいは離職率低減のために、そうならないよう腐心はしていると思う。わたしたちにとっては、連携の前にまずコンフリクトの解消、という厳しい現実がある。

ＬＩＦＥになると状況はさらに深刻だ。介護業界では、手書き文化がいまだ根強い。それは言い換えればＯＡ化以前の問題ということである。まだＯＡ化もされていないところにいきなりＩＴ化の話を持ち込んでも、うまくいくとはとても思えない。文化とは所詮ルールなのだから変更を徹底すれば済むという人は、実際に文化を変える仕事をやったことがない人だ。職場の文化ほど根深く手強いものはない。

ＬＩＦＥのＥはEvidenceのＥである。このシステムの介護保険への導入は、デジタル化された情報を多職種間共通のエビデンス（根拠）にしていくことを企図している。すなわち、これからのチームケアは、より客観的なデータに基づくものに変わっていく、ということなのだ。だが、わたしたちは変われないままでいる。多職種連携の促進も、そのツールとしてのＬＩＦＥの導入も、ひと筋縄にはいかないように思える。

キーパーソンは管理者だ

多職種連携とLIFE。この2つの壁には、介護事業特有の積年の課題が凝縮されている。それはひと言でいえば、多様な価値観を取りまとめていく専門職マネジメントの難しさと、変革が起きにくい保守的職場風土の度し難さだ。非常に複雑で人間臭い問題を、介護現場は長年抱えてきたのである。

この問題を解決していくのは管理者しかいない。各々の専門職たちの声に耳を傾けつつ相互理解を促し、アレルギー反応にざわめく現場に変革の必要性を根気強く説いてまわれるキーパーソンは、事業所の管理者をおいて他にない。

しかしながら、いま現場にいる管理者たちは、この2つの壁に挑んでいけるような状態にあるだろうか。大小様々な仕事を抱え込み、内外のトラブルに振り回される日々の中で、多くは、スタッフの声に耳を傾ける余裕も、状況を変える情熱も、ほとんど持ち合わせていないようにみえる。人手不足だから?仕事量が多過ぎるから?ちがう。それは根本原因ではない。マネジメント力が圧倒的に不足しているからだ。

介護職の現役管理者の中で、マネジメント手法について経営層や先輩からきっちりと教えてもらった者は少数派だ。大半は経験から学んだ叩き上げで、そんな人たちですら生き残りという意味では少数派だ。途中で力尽きた管理者たちの数はその何倍も、何十倍もいる。

今日も多くの介護現場では、人の動かし方も、人の育て方も、誰からも教わらないまま、管理者たちが手探りでマネジメントの仕事を行っている。彼ら彼女らの多くは、やがて行き詰まる。行き詰まって自分を責め、時には心を病み、辞めていく。管理者が辞めれば当然現場は動揺し、混乱する。そのしわ寄せはすべて利用者と家族にいく。自責の念を込めていうが、長い間、介護業界はこれを繰り返してきた。

もちろん、引き受けた本人にも責任はある。任命責任よりも自己責任の方が重い、何を甘えたことをいっているのか、という声もあるだろう。だが、それをいうのなら、任命した方も甘えている。管理者に甘えて仕事を丸投げし、マネジメントについては、誰も、何も、教えない。教えるという自らの任命責任は果たさず、一方で業績や事業所運営の責任は問い、ひとたび事故が起きれば「何をしていたんだ」となじる。そんなことをしているから、いつまでたっても管理者は育たないのだ。

マネジメントを学んで壁を乗り越える

誰も教えてくれないなら、自ら学ぶしかない。先ほど、引き受けた本人にも責任はあると述べたが、それは学ぶ責任のことである。自分の力でマネジメントを身につけるのだ。

本書は、介護現場をイキイキさせるためのマネジメント術について書かれた本である。管理者を追い詰めるだけの理想論や精神論は極力省き、介護事業所を活性化させるための具体的な方法や手順を選んで書き記した。きれいごとや嘘は書かなかったつもりだ。

そのベースとなっているのは、この20年間、わたしが実際にみてきた現場管理者たちの仕事ぶりである。彼ら彼女らは、専門職からいきなり管理者になり、失敗を重ねながらリーダーになっていった。その思考プロセスと行動内容を下敷きにしつつ、自分の管理者経験も交えながら、介護現場において人材を動かし、育てる方法を、一冊にまとめた。

本書は、「管理者のあり方」「組織運営」「人材育成」の3部構成になっている。

まず第1章の「経営的視点からみた管理者のあり方」では、事業所のリーダーとして、「売上向上」と「離職者抑制」という2大テーマに向き合う方法を考えていく。

つづく第2章の「組織を動かす」では、実際に事業所運営で起こりうる12の事例を取り上げ、その解決策を探っていくというスタイルをとった。事例はフィクションとして再構成しているが、すべて実際にあったことをベースにしている。

　第3章の「人材を育てる」では、「すべては教材である」という持論に基づいて、身近な事象や仕事上の出来事を「教材」として捉え直し、人材育成に活かす方法を紹介した。既にあるものを教材化するという発想なので、経費も、労力も、最低限で済むと思う。教育手法に関するアイデアと併せて、ご一読いただければ幸いである。

　新型コロナ禍のような未知の災厄が起こるたびに、あるいは介護保険改正のような経営環境変化が起こるたびに、マネジメントの重要性が喧伝される。だが、マネジメントというものは、有事のときにその必要性が際立つだけであって、日常的にあらゆる組織に欠かせないものである。また、人の中で育むには時間がかかる。もし、今回の災厄と変化でその必要性が身に染みたのならば、いまからでも遅くはない。本腰を入れて育てるべきだし、真摯に学ぶことが大切だ。

　管理者は、もともと「いる」ものではなく、あとあと「なる」ものだと考えよう。学んで経験を重ねれば、誰もが管理者になれるのだ。

２０２１年10月

柴垣　竹生

介護現場をイキイキさせるマネジメント術

はじめに　2
第1章　経営的視点からみた管理者のあり方～2つの課題と7つの要点～　13
第2章　組織を動かす～介護事業所12の課題～　31
第1節　方向性を定める　35
1. 管理者という役柄を演じる　35
2. 職員に心構えを指し示す　42
3. スタンスを明確にして事故を予防する　49
4. 他産業に照らして介護事業の意義を問う　56
第2節　仕組みを整える　63
1. ルールに沿って人間関係を調整する　63
2. 接遇改善を組織化する　70

3. 分担を見直してプレマネ問題を解決する　76
4. 多能工化と多分業化で受け皿を増やす　83

第3節　動機づけを仕掛ける　89

1. 権限委譲で次世代を育てる　89
2. 職業を演じることを肯定する　96
3. 新人に居場所を与える　102
4. 成長計画書でコーチングする　109

第3章　人材を育てる～教材化と教育のアイデア～　117

第1節　すべては教材である　120

1. 自分の経験から介護倫理を語る～経験の教材化（伝わる伝え方Ⅰ）～　120
2. プレゼンで個別指導する～プレゼンの教材化（伝わる伝え方Ⅱ）～　126
3. 教えることは最高の教材である～講義の教材化（伝わる伝え方Ⅲ）～　133
4. 社内留学という体験学習～社内留学の教材化～　140
5. 映画を通じて持論を示す～映画の教材化～　146

第2節　教育を変える切り口　152

1．シンプルな言葉の組み合わせで褒めて育てる　152
2．伝わる精度を上げる教育内容整理術　159
3．丸投げしないグループワーク　165
4．人材育成と実務会議を融合させる　171
5．集合研修でモチベーション向上は可能か　177
6．全員参加で虐待防止研修を活性化する　183
7．リスクマネジメントとは予防と対応である　189
8．受講生の意見だけで研修を構成する　195
9．サンドイッチ方式で日常業務も教材に変える　201
10．名プレイヤーを名コーチに　207

むすびに　213

あとがき　217

本書は、『月刊介護保険』（法研）に連載していた『介護事業所マネジメント講座　中堅リーダーが育つ現場づくり』（2014年4月～2015年3月）および『介護事業所マネジメント講座　研修に強い中堅リーダーになる』（2016年4月～2017年6月）が初出である。連載当初から3度の介護保険制度改正を経て、介護事業所経営を巡る状況が大きく様変わりしている点を考慮し、全体的に大幅な加筆・修正を行っている。「経営的視点からみた管理者のあり方～2つの課題と7つの要点～」は書籍化にあたり書き下ろした。

第１章

経営的視点からみた管理者のあり方

～２つの課題と７つの要点～

介護事業所の管理者は、専門職で、営業職で、管理職

人材市場において、専門職、営業職、管理職が分かれているのには、それなりの理由がある。各々の職種に必要な資質・スキルが異なり、これら3つの能力をすべて持ち合わせている人材など滅多にいないからだ。ゆえに3種類の人を別々に雇って分業しましょう、ということになっている。

しかしながら、大半の介護事業所にこの分担を行う経費的余裕はない。当然、兼務となり、管理者の場合、専門職のトップであると同時に、常に利用者を獲得してくる営業職としての能力と、その拠点をマネジメントする能力を求められることになる。

最初から3つの能力が備わっている人はいいが、いま述べたようにそういう人材は稀少だ。見切り発車のような任命で、何の教育も行わなければ、行き詰まる者がでてくるのはむしろ当たりまえだろう。

個々の事業体の事情については、この際一旦横に置こう。もし自法人のフォローが期待できないのなら、あなたに残された道は自分で学ぶことだけだ。それが、いちばん現実的で確実な方法である。

介護事業所の管理者には介護職から昇格した人が多い。だから、専門職としての知識や

経験はまず問題ないだろう。課題となるのは営業とマネジメントのスキルだ。幸いにもこの2つの能力は、後天的な学習で身につくといわれている。以下でその要点を解説していくので、ぜひ参考にしてほしい。

利用者への責任感から引き受けた、事業所の仲間のために引き受けた、頼みこまれて渋々引き受けた、管理者になった理由は様々だと思うが、いずれにしてもあなたは選ばれて管理者になった。これは自分の職業人生にとって、何か大きな意味がある。そういうことだと受けとめよう。

実際に、管理者という仕事は、これまで経験したことがない視点や知見をあなたに与えてくれる。たとえ失敗したとしても、あなたを成長させることはまちがいない。介護職として自分が信じるケアを貫くためにも、できるだけ長く管理者を続けていこう。事業と同じく、仕事も、とにかく継続が大切だ。

管理者を続けていくための2つの課題

売上を伸ばし続ける。離職者を抑える。経営的視点からみた場合、雇われ管理者が介護事業所の管理者を続けていく最低限の条件はこの2つだ。

売上の停滞と相次ぐ離職をずっと我慢してくれる経営層はそう多くない。早急なテコ入れが必要だと考えるのが普通で、そのテコ入れ策の中に「管理者の更迭」という選択肢が含まれてしまうのは、ある意味仕方がないことだ。

また、売上の停滞や離職状況が長引くと、管理者は会議のたびに経営層から追及を受け続けることになる。そのプレッシャーは、重い。業績が振るわないのは経営層の責任だから何といわれようと気にならない、という管理者はかなりタフでレアな部類に入る。大半の人は降格を受け入れるか、退職を申し出るか、いずれはそうなってしまう。

こういうふうにいうと、売上だけでなく利益も必要だろう、離職を抑えるだけでなく採用も必要だろうと思われるに違いないが、これはあくまでも管理者として生きのびるための「最低限の条件」である。

売上が伸びているのなら原価コントロール次第では利益がでるはずだ。離職者が少ないのならそんなに悪いマネジメントではないのだろうし、採用コストも抑えられる。この認識は間違ってはいない。また多くの経営層もこう考える。つまり、最低限の条件をクリアしている選手の交代はしづらい、ということだ。なぜなら、経営層はなるべくスイッチングコストをかけたくないからである。できれば任せ続けたいのだ。また、いまどきベンチに控えの選手が潤沢にいる組織など滅多にないことも、皆よくわかっている。

もうひとつ現実的なことをいうと、最初からこの2つの条件を目標に掲げるくらいの姿勢で臨まなければ、管理者稼業は長く続かない。売上というものは伸ばし続ける努力をしていても下がることがある。スタッフにとって居心地がいい職場づくりに腐心していても離職者が減らないことはある。頑張っていても悪化することがあるのだから、頑張らなければ悪化するのはほぼ確実だ。厳しい話だが、それが現実である。介護現場で管理職を続けていくには、この現実に立ち向かわなければならない。それは、雇われでない、介護事業所経営者にとっても同じことだろう。

では、売上を伸ばし続け、離職を抑制していくというのは、実際にどういうことなのか。売上計画、進捗管理、商品力、営業力、離職理由、離職防止、採用手法という7つの実務的切り口から考えてみよう。

①売上計画　「現状維持の数字」と「伸ばす数字」を知る

売上については、まず、「現状維持できる数字」を確認する。それがわからなければ売上計画は設定できない。たとえば、訪問介護なら、過去1年間の、入院・入所・逝去による利用者減少総数を調べる。それを12で割ると、月平均の利用者喪失数がわかる。その数と同数を毎月獲得してやっと現状維持になる。これが「現状維持できる数字」だ。ここでは仮にそれを月2人としよう。

次に、その2人を獲得するためにあなたはどれだけの営業活動を行っているか調べる。仮に、毎月延べ15か所、他社の居宅介護支援事業所や病院とコンタクトを取って新規2人を獲得できていたとすれば、あなたの事業所には、現状維持だけで毎月最低でも15件の営業活動が必要なことがわかる。

さらにここに「伸ばす数字」を加える。もし会社が毎月2人分の伸びを求めているとしたら「伸ばす数字」は2人だ。現状維持分の2人＋伸び分の2人＝4件の新規が毎月必要になる。そうなると、あなたの営業コンタクト必要数は、単純計算で月延べ30か所になる。延べ30か所に営業コンタクトするには何時間必要だろうか。移動時間込みで1か所平均1時間なら30時間。4週で割ると7・5時間だから、1週間に丸1日は営業に充てなければならないことがわかる。

以上が売上計画の考え方だ。自信があるのなら、コンタクトの方法は別に電話でもメールでも構わない。決定力が高い人は10時間で4人獲得できるし、決定力の低い人は30時間費やしてやっと4人獲得できる。ただ、この業界では、決定力が高い人は少数派である。自分はそうではないと思う人は、成果は一定以上の活動量に比例するという通説にならって地道に努力するしかない。

未来のことはわからない。だが、過去のことはわかる。とりあえず過去にあったことが今後も繰り返されると仮に考えてみる。それが計画を立てるひとつの根拠になる。

②進捗管理　不具合の原因は物理的時間の不足

こうやって毎月必要な新規獲得人数を売上計画という形で定めてみると、売上が落ちていく原因や伸びない原因がはっきりしてくる。それは、営業コンタクト量の不足である。営業するべき管理者やサービス提供責任者が、毎日朝から晩までサービスに走り回っていては、営業の進捗管理以前に、そもそも営業自体が行われていないことになる。

詳しくは次章で触れるが、営業に割く時間がそもそも不足していては、売上は伸びない。伸びないどころか、自然損耗分は減っていく。これは能力以前の物理的な問題だ。まず、業務の棚卸しを行って仕事の分担を見直し、営業に割く時間を捻出しなければ話が始まらない。

通所介護やショートステイ、複合系、入居系も、基本的には同じである。登録者数や入居数が、入院や逝去で毎月どれくらい減っているのかを調べて「現状維持できる数字」を割りだす。その数字に会社が求める稼働率・入居率との差（伸ばす数字）を上乗せしたものが毎月必要な新規顧客獲得数だ。そこから必要な営業コンタクト数を逆算して目標活動量を決める。そして、その目標に沿って実際に活動が行えているのか、日々の進捗を自分で追っていく。

いわゆるハコモノの場合、現時点で既に会社の求める数字に到達しているのなら「伸ばす数字」は不要だ。自然損耗分を埋めて現状を維持するための営業を続ければそれでいい。この点は、理屈上、売上が青天井である訪問系との違いである。

個人的には、訪問系にも営業範囲の限界がある以上、地域ごとに飽和点が存在すると考えている。また、これだけ多様な入居系との競争が激化する中では、その飽和点を維持するるだけでも至難の業である。訪問系の運営というのは、この10年間でつくづく難しくなったと思う。

③商品力　「量のキャパ」と「質のキャパ」

介護事業においては、同種類のサービスであればどこの事業所でも同じサービスを提供しているため、差別化がしにくい。それゆえに各社は付加価値に工夫をこらしている。接遇や介護技術、複合的なケアの提供といった基本的なサービス品質を磨きあげる所もあれば、入浴、食事、本格的な趣味活動、魅力的な保険外サービスに注力する所もある。あるいは、立地や設備面のクオリティを競う施設もある。

だが、介護事業にはもうひとつの商品力がある。それは、サービスのキャパシティである。

このキャパシティには、量のキャパと質のキャパがある。双方の容量が大きければ大きいほど商品力は高くなり、営業的には有利となる。

量のキャパとは、訪問介護ならば、どの曜日、どの時間帯でも対応可能か、ということである。極論すれば、営業先のケアマネに、1日3回訪問の毎日型に明日からでも対応できるかと問われて、できますと即答できるかどうかだ。通所介護なら、何曜日でも、いつからでもOKといえるか。ショートステイや複合系、入居系は、いま空きがありますといえるか。その場で即答できることが、自事業所の商品力の強さにつながっていくのだ。

質のキャパとは、どのような利用者であっても受け入れることができるか、ということだ。利用者の医療度が高くとも、いかなる疾患をお持ちの方でも、対応可能であればその案件が他社にいくことはない。中重度から看取りまで、対応できるレベルが上がれば上がるほど、新規利用者を獲得できる可能性は高くなる。近年の介護保険制度改正の中で新設された加算や、対象が拡大された加算をみても、それは明らかなことだといえる。より難易度の高いケアを評価する傾向がみてとれる。

④営業力　受け皿を最大化する

つまり、訪問介護のキャパは、抱えているヘルパーの人数と対応できる時間の幅、そして利用者への対応能力の高さで決まる。通所介護・ショートステイ・複合系・入居系のキャパは、空き状況と、同じく利用者への対応能力の高さで決まる。

この量と質の受け皿が小さかったり浅かったりすると、せっかくの引き合いを断ることになってしまう。ヘルパーが足りない、中重度の利用者に対応できるスタッフが少ない、フロアの人間関係が悪くてそれどころではないなど、その理由は様々だ。それは、せっかく注文があるのに商品が用意できない、ということである。サービス供給が不安定になりやすい介護事業所では、こういう機会損失がよく起こる。

いうまでもなく、これは内部体制の問題だ。セールステクニックでどうにかできる話ではない。入居系の場合は、ハード面のレベルと入居料とのバランスが営業の決め手となることも少なくないが、それでも質のキャパは影響する。在宅系サービスの場合、その影響はさらに大きくなる。事業所の総合的な対応能力が、利用者獲得を左右する。これが介護事業の営業の本質である。

もちろん、介護事業にも一般的な営業テクニックは必要だ。空き情報を組み入れたニュースを発行して定期的に持参したり、わかりやすい自社サービスの説明資料を用意したり、あるいは短時間でプレゼンテーションできるテクニックを磨くなど、各事業所は様々な取り組みを行っていることだろう。だがそれ以上に、量と質のキャパシティは営業成果に多大な影響を及ぼす。では、それを最大化するにはどうすればいいのか。管理者がマネジメントの腕を磨いて安定的な事業所運営を行い、居心地のいい職場をつくる。これに尽きる。

とりわけ重要なのは、安定運営によって離職者を最低限に抑えることである。離職は、量のキャパにも、質のキャパにも、大きなダメージを与える。人材がいなければ物理的に量のキャパは減少する。人材の入れ替わりが激しい職場は、育てても、育てても人が辞めていくので、なかなかサービスの質が上がらない。人材の定着がサービスの質そのものであるとまではいわないが、一定の質を担保していることは疑いようがない。離職は結果だが、そこに至るプロセスにはマネジメントの不具合が深く関与しているのである。

⑤離職理由　離職には3種類ある

マネジメントの具体的な手法については次章以降で詳しく述べていくが、ここでは離職の種類にだけ触れておきたい。

離職には3種類ある。「避けることが難しい離職」「マネジメント上やむをえない離職」「回避できた離職」、である。

まず、「避けることが難しい離職」とは、本人の病気やケガ、家族の病気や介護、配偶者の転勤等のことである。本当にこれらが理由である場合は離職を避けることはできない。

「マネジメント上やむをえない離職」とは、運営方針の転換時などに発生する離職である。管理者が交代すると、その事業所の運営方針が大きく変わることがある。中にはその方針に納得がいかない者もでてくる。当然、新しい管理者は説得を試みるが、どうしても本人が合わせられない場合は辞めることになってしまう。業務怠慢が蔓延している事業所へ、テコ入れのために新しい管理者が乗り込んだ際にも、同じことが起こる。新しい管理者が新方針を打ち出すことやテコ入れを行うことは、ある意味当然のことだ。その結果退職者がでてしまうのは、マネジメント上やむをえない。

これら2つ以外の離職が、「回避できた離職」である。新入社員のフォロー不足やスタッフ同士の揉め事の放置、スタッフの問題行動を叱らない、逆に優れた行動を褒めない、不公平な評価、OFF-JT（off-the-job training）はおろかOJT（on-the-job training）すら行われない。こういった運営上の不具合を原因とする離職は、やりようによっては避けられた離職だ。適切なマネジメントによって、不幸な離職は減らすことができる。

⑥離職防止　優先すべきは止血である

何かいい採用方法はありませんか、とよくきかれる。だが、話が逆だと思う。どう考えても居心地のいい職場づくりの方が先である。欠員がなければ補充は必要ない。また、いくら経費と労力をかけて人を採用しても、離職が続くような職場環境を放置したままでは、せっかく採用した人がまた辞めてしまう。輸血も止血も大事だ。しかし、優先すべきは間違いなく止血の方である。

もちろん、業績拡大に伴う増員の場合は、たとえ離職者ゼロであっても人は必要になる。新設事業所のオープニングスタッフも然りだ。だが、これらの事業所も、結局は居心地のいい職場づくりを無視することはできない。いずれ傷口が開けば、流れ出る血は止めなければならないのだ。

余程問題のある者を除いて、いまいる人材が最高の人材である。そう考えなければならない時代が既にきている。退職したスタッフと同等か、それ以上の人材が次に入社してくる可能性は、年々低くなってきている。少なくとも、わざわざ仕事を教える手間がかからないだけでも、新入社員よりいまいる社員の方が優れている。この現実を、わたしたちはもう一度噛み締めるべきだ。

これから本書で述べていくマネジメントが正しく機能することで、人材採用も好転していくはずだ。エルダー制度等を導入して新入社員をフォローする。スタッフ同士の揉め事が発生した際には迅速に対処する。問題行動を起こすスタッフは叱る。優れた行いは褒める。公平な評価を実施する。計画的にOFF-JTもOJTも行う。こういった管理者の地道な努力が、居心地のいい職場をつくる。そしてそのアピールが、最も強力な人材採用施策になる。

⑦採用手法　地道な施策を続ける

そうはいっても、輸血しながらの止血、というのが現実的な話だろう。最後に、いくつかの採用施策について思うところを述べてみたい。

まず、求人広告を打つのなら、「費用対効果の把握」と「望む人材像」だけは押さえておきたい。どの媒体に、いくらかけて、何人問い合わせがあり、何人面接に進み、結局何人採用できたのか。そこを把握しないと、使用した媒体の良し悪しの判定は難しい。人材紹介のコストとの比較すらできないだろう。応募の電話があった時の媒体確認を全職員に徹底する。費用対効果の把握はそこから始まる。

また、「望む人材像（ペルソナ）」を定めることも大切だ。猫の手でも借りたいのが本音かもしれないが、そんな焦りが透けてみえるような職場で働きたいと思う人は、これからますます少なくなっていくだろう。猫の手やノッペラボウの募集広告に目を止める人はいない。訪問介護、通所介護、複合系、入居系、各々に適した人材像は異なるはずだ。また、自社の社風に合った人物像というものもあるだろう。そのイメージをしっかり言語化して、広告でも、説明会でも、面接でも、繰り返し伝えるべきだ。

他にも、地域の給与水準を年に1～2回は調査して最低限張り合えるだけの賃金を設定する、ハローワークからの紹介には迅速に対応する、業務を切り分けて「ケア周辺業務」で求人する（次章で述べる）など、当たりまえに思える施策も案外馬鹿にできない。地道に続けた方がいい。

社員紹介（リファラル採用）はその最たるものだが、本気で取り組む価値は十分にある。まず、たとえスタッフに10万円以上の紹介料を支払ったとしても、1人採用コストがその倍以上かかることもある現状を考えれば、10万円台の紹介料はもはや高額ではなくなりつつある。また、事前に会社の情報が求職者に伝わっていることが普通なので、人材のミスマッチが少ない。加えて、社員も自分の体面があるので、比較的優良な人材を紹介してくれることが多い。居心地のいい職場づくりが、ここにも効いてくる。

以上、キーワードに沿って事業所運営のポイントを概観してみた。介護事業所の管理者が持つべき経営的視点とは、要約すればほぼこういうことになると思う。

しかしながら、ここで取り上げた7つの要点を念頭に置いて実際に事業所運営を行っていくには、組織的な力が必要になってくる。今後、多職種連携とＬＩＦＥに挑むならばなおさらである。管理者ひとりでできることなど、たかが知れている。全スタッフの力を借りなければ困難を乗り越えていくことはできない。

多くの管理者は、プレイング・マネージャーであるがゆえにプレイングに引きずられ、マネジメントの時間を奪われている。マネジメントが停滞すると、計画立案↓進捗確認↓軌道修正↓成果評価という事業運営の基本的な流れが滞ることになる。職員間の揉め事は見逃され、サービス改善や事故予防の取り組みも疎かになり、人材育成も半ば放棄される。そのような活力を失った組織では、いくら管理者がやる気を示しても、人は動かない。スタッフの力を借りるどころではなくなるのである。

まずは、プレイングの時間を抑制して、事業所全体を「俯瞰」するマネジメントの時間を確保することが必要だ。その時間の中で、管理者として、組織の方向性を定め、ルールや仕組みを整え、動機づけを仕掛けていくことで、徐々にスタッフ一人ひとりが力を発揮できるようになっていく。その力が、困難な課題に立ち向かう原動力になるのだ。イキイキした介護現場をつくっていくためには、こういったプロセスが欠かせない。

それは非常に時間のかかる道のりだ。介護事業においては、組織構築も、人材育成も、短期決戦では成果があがりにくい。ただ、やるべきことはわかっている。ゆっくりと階段をのぼっていくイメージで、その具体的な方法を、次章以降でひとつずつ確かめていくことにしよう。

第２章

組織を動かす

～介護事業所12の課題～

「助けてもらう人」になる

介護職から管理者になったら、これまで以上に「助けてもらう人」にならなければいけない。他人の力を借りるプロになるのだ。たくさんの人に助けてもらえばもらうほど、事業所運営はうまくいく。逆に自分でやろうとすればするほどうまくいかない。それくらいに思っておいた方がいい。

なぜこんなことをいうのかといえば、専門職、特に介護職には、何もかも自力でやろうとする人が多いからだ。自分でやった方が早いから、任せられないからといいながら全部ひとりで抱え込んで、結局は燃え尽きてしまう。それだけは避けてほしいのである。

助けてもらうか、もらわないか。判断に迷ったときの判断基準は、「自分以外の人でもできるか、できないか」である。自分以外の人でもできる仕事は、可能な限り自分ではしないようにして、他人の助けを借りる。絶対に自分でやるなといっているのではない。なるべく他人に助けてもらう癖をつけていくのだ。うまく他人に仕事を任せることが管理者の仕事だ。そう発想を切り替えよう。

そうやってどんどん仕事を他人にお願いしていくと、本来の管理者の立ち位置がみえてくる。それはひと言でいえば「俯瞰」である。船にたとえれば、艦橋から船全体と周囲の海を見渡すイメージである。少し高い場所から事業所全体の仕事を見渡して、主に人の動きに問題がないか確認する。問題があれば解決法を考えて素早く対処する。これは管理者でなければできない仕事なのだ。

なお、少し高い場所にいるからといって自分は偉いなどと勘違いしてはいけない。全体を見渡すのに適しているからそこにいるだけの話だ。あくまでも役割として艦橋にいることを忘れてはいけない。役職は「あずかりもの」に過ぎない。

自分は偉くなったと思ってしまう管理者は、結局「助けてもらう人」にはなれない。なぜなら、そんな人間を本気で助けようと思う人は少ないからである。「管理者になったら急に偉そうになった」と陰でいわれてしまうようでは、人はついてこない。

本章で取り上げるのは、管理者が艦橋に立った時の「俯瞰と指揮の要点」である。組織の行く先を計画し、ルールや仕組みを整え、動機づけを仕掛けていくという管理者の仕事を行うにあたって、事業所という船全体を見渡した時に、どのような問題に注意すればいいのか。またその問題にどう指示して対処すればいいのか。12の事例をあげて解説していく。

管理者が行く先を決めると、船の進むべき方向が定まる。ルール徹底や分業を行って仕組みを整えれば、船は進みやすくなる。さらに権限委譲やコーチングで動機づけを仕掛けていくことで、船の航行速度があがる。荒波にもまれながらもなんとか船を進めていく中で、あなたは管理者の仕事の本質を徐々に理解していくことになるだろう。

第1節　方向性を定める

1．管理者という役柄を演じる

【事例】

開設から一緒に働いてきた管理者が、燃え尽きたように突然辞めることになり、サービス提供責任者のわたしが後任を引き受けることになった。ここで投げ出すのは利用者と家族に申し訳なかったし、苦労して長く続けてきた事業所を閉めるのは悔しい、という思いもあった。

1か月ちょっとで、日々の業務を回すための実務だけ何とか引き継いだ。いざ管理者になってみると、とにかく人に関することで壁にぶつかることばかりだった。どう人を動かすのか、どう人を育てるのか、リーダーとして一番大事な事柄は何ひとつ教わっていないことに気づき、愕然とした。

リーダーシップというものを学ぼうと、大型書店に足を運んでみたものの、「介護」の棚にそういう本はほとんど見当たらない。「経営」の棚にある本には、確かにそういうことは書いてあるが、小難しいカタカナが多すぎてわかりにくいし、第一、介護現場の管理者はどうあるべきか?という肝心なことは一言も書かれていない。介護職を束ねるリーダーのあり方を、良い管理者になる方法を、誰か教えてほしい。

管理者役を演じる

管理者を引き受けた以上、覚悟を決めて管理者になりきるしかない。過去の経緯や、自分の性格は関係ない。これからは管理者役を演じるのだ。演技の上手い下手もこの際関係ない。「管理者らしい行動」をすれば管理者らしくみえる。それくらいに割り切って管理者の「ふり」から始めよう。いまや押しも押されもせぬ立派な管理者である諸先輩方も、実は最初は皆そんな感じだったのだ。きっとあなたにもできる。

管理者の数だけ演じ方があるが、わたしが考える演技プランは、次の5つの行動をする人だ。「①範を示す」「②計画する」「③聞く」「④決める」「⑤関心を持つ」である。

なぜこの5つなのか。自省も含めて、これらの行動ができない管理者を数多くみてきたからだ。このうち1つでも2つでもできていれば、もう少し長く管理者を続けられたのにと、口惜しく思うことがよくあったからである。つまり、「だらしない」「計画がない」「聞かない」「決めない」「関心がない」という反面教師たちから学んだのが、この5つの行動なのである。

それは、これらすべてを演じ続けるのは難しい、ということでもある。5つの行動は、言葉としてはシンプルだが、実際に身をもって示すのは簡単ではない。初めから全部できなければいけない、というわけではない。それでも、目指す努力はするべきだと思う。介護現場の管理者ならば、ぜひこのような行動ができる人でありたい。

ルーズの不徳、無計画の罪

まず、ダメな管理者は「だらしない」。管理者のだらしなさとは、ヒト・モノ・カネにルーズ、ということである。ヒトについては、公私混同や公平性を欠くスタッフとの接し方がよく問題になる。少なくともエコヒイキにみられない姿勢が重要だ。モノについては、率先して施設の設備・備品を大切に扱うことだが、その心構えは、整理整頓と掃除に最もあらわれることを覚えておきたい。カネについては、いうまでもなく厳正な公金管理に尽きる。適切な介護報酬請求は当然のことながら、施設の小口現金も、きっちり、ルール通り、日々取り扱うことだ。また、いくら認められていたとしても、「経費で落とすこと」にはできるだけ慎ましくありたい。

ルーズさはリーダーの敵だ。ヒトには公平に接する。モノは美しく保つ。カネは正しく扱う。大事なのはスタッフから「どうみえているか」である。それが「範を示す」ということなのである。

「計画がない」という管理者も困った存在だ。計画がないと、進捗管理ができず、仕事の評価もできない。基準となる道筋がなければ、自分たちがいま行っている仕事が良いのか悪いのか、進んでいるのか遅れているのか、評価のしようがなくなる。当然、成果も上がりにくくなるが、運よく成果が上がったとしても再現性はない。また、決断や指示も行き当たりばったりになり、一貫性が失われる。

管理者がいまいったこととまえいったことが違ってくると、進行中の仕事がやり直しになったり、中止になったりして無駄が多くなる。あなたにも、そんな管理者に振り回された経験が少なからずあるだろう。ならば、管理者になったいまは、部下のために、事業所のために、計画的に仕事を進めよう。無計画でいいのは若い時の一人旅くらいで、無計画な仕事は百害あって一利なしだ。計画があって初めて、進捗確認や成否の判断・評価ができる。仕事の再現性や一貫性も担保される。すべては計画から始まる。

聞かない傲慢、決めない迷惑

「聞かない」というのも困る。聞かない管理者には、「面倒を避けるタイプ」と「傲慢タイプ」がいる。前者は、現場の意見を聞くと何らかの対応を迫られるので、聞かない。聞くことから逃げるか、聞いてもナシノツブテである。後者は、自分の考えや過去の経験則だけで物事を判断したいので、聞かない。決断力があるともいえるが、現場の方は意見を押し付けられていると感じてしまう。

両者に共通しているのは、現状を把握する気がないという点で、どうしても現場実態とかけ離れた指示が多くなってしまう。「所長は何もわかっていない。わかろうともしない」というスタッフたちの不満は、やがて諦めの感情に変わっていく。諦念の行き着く先は、よくて現状維持、多くは劣化、最悪は離職だ。

だから、管理者ならば、できるだけスタッフの声に耳を傾けよう。愚痴も批判も意見も、全部ひっくるめて聞くのだ。耳を傾ける姿勢を傲慢だという人はいない。その姿が、あなたとスタッフとの距離を縮めてくれるだろう。「所長は何もわかっていない。でもわかろうとしてくれている」といわれるようになればたいしたものだ。

次に、「決めない」である。決めることは管理者にしかできない仕事だ。管理者が決めてくれないとスタッフたちは困る。だが、ダメな管理者は、面倒くさいのか、自信がないのか、いつまでも問題を棚上げして先送りする。決めたとしても、期限ギリギリに決めたり、期限を過ぎてから決めたりする。

行事予定、会議や委員会の予定、次月の勤務シフト、備品修理の決裁、人事異動など、早く決めないと多くの人に迷惑がかかる物事はたくさんある。責任者として、それをわかっていないのはまずい。わかっていて決めないのは論外である。

決めるべきことは、できる限り早く決めよう。組織とは、複雑な歯車が噛み合った巨大な機械のようなものである。トップのあなたが直径1センチの小さな歯車を少し動かすだけで、現場では直径10メートルの巨大な歯車が動き、大きな仕事が行われる。そんなイメージを持とう。

無関心なリーダーに人はついてこない

最後は「関心がない」だ。仕事に無関心な人はいないとしても、部下に無関心、部下の仕事内容に無関心では、スタッフたちは自分が受け入れられていない、評価されていないと感じてしまう。そんなリーダーについていこうと思う人はいない。

部下に関心がない管理者などいないだろうという管理者に限って、スタッフには無関心だと思われてしまっていることが多い。関心は心のあり様なので目にはみえない。たとえ関心があったとしても、そうみえなければ関心がないように思われてしまう。だからこそ目にみえる「演技」が必要なのだ。言葉や態度で示さなければ、あなたの気持ちは周囲には伝わらない。関心を目にみえる形で示す最もシンプルな方法は、3つ目にあげた「聞く」である。質問や傾聴は無関心の反対語だと肝に銘じておきたい。

以上が、管理者役の演技プランである。これら5つの行動を意識することで、あなたは徐々に管理者になっていくだろう。まずは「ふり」から始める。それでいい。

2. 職員に心構えを指し示す

【事例】

所長交代のバタバタから数か月が過ぎた。所長として、事業所の全体像と1か月の仕事の流れがようやく理解できるようになってきた。少し物事を考える余裕ができてきたので、4月の期が変わるタイミングで自分なりに考えた全職員の「心構え」を発表することにした。「利用者様を笑顔に」という事業所発足以来のサービス理念に添えて、「①譲り合う姿勢を大切に」「②仕事上のルールを守る」「③事情がある人を助ける」という言葉を書いた紙を全員に配った。同じものを事業所のいちばん目立つ場所にも貼った。

数日経ってから若手職員のAさんから質問された。「あの心構え、自分の毎日の仕事とどういう関係があるんですか?」皮肉でいっている様子はない。素朴な疑問のようだ。わたし自身はこの3つの心構えを大切にしてきたし、この気持ちを全職員が忘れなければ必ずいい職場になるという確信がある。読んで字のごとくなので、これ以上説明のしようもないのだが、Aさんにわたしの気持ちを伝えるには、どうしたらいいのだろうか。

内に向けた行動指針も必要

管理者ならば、組織全体の理念に沿った内容で、その事業所の進むべき方向を指し示すべきだ。その多くは、利用者や地域に向けられたものになると思うが、それと連動する形で、社員のための心得や心構えも必要だ。

外に向けられた行動指針と、内に向けられた行動指針が一体となって、その事業所独自の方向性が定まる。マネジメントとは、その方向性に基づいて事業内容や組織体制の計画を作り、進捗を追いかけ、最終的な成果を評価することが基本となる。この流れを形作るためには、まず指針が必要になる。

最近は、古臭いとか堅苦しいといった理由で、内に向けられた行動指針を示さない管理者もいるようだが、必要なものに対して、古臭いも堅苦しいもないはずだ。職業人であれば、ましてやリーダーであれば、仕事に対する何らかの信条があるはずで、たとえひと言であっても、その信条を職場全体に示した方がいい。

年齢も性別も性格もキャリアも職業観も異なる集団では、仕事の良し悪しの判断はバラバラなのが当たりまえだ。リーダーが掲げる信条は、その良し悪しを判断するひとつのモノサシになる。管理者として、職場の揉め事を収める際の着地点の目安になり、スタッフを褒めるときや叱るときの基準にもなる。むしろ、ない方が不都合だ。

当たりまえのことこそ言葉にする

事例の3つの心構えは、実は形を変えて世の中で繰り返しいわれ続けていることだ。「①譲り合う姿勢を大切に」は「道徳規範」である。「②仕事上のルールを守る」は「法令遵守」である。「③事情がある人を助ける」は「社会福祉」である。大昔からずっと世界中で唱えられてきて、実現できていないことばかりだ。成功している部分もあるが、総体的には失敗続きである。

では、実現性が低いから唱えることをやめるのかと問われれば、やめないと答える人は確実にいるだろうし、「心構え必要派」のわたしとしては当然、実現に向けて唱え続けた方がいいと思う。

管理者は、こういう当たりまえのことを、いまこそ言葉にすべきだ。なぜなら、事業所内の揉め事の多くはこの3つが行われないことが原因であることが多く、それがサービス品質の低下や離職を招いているからである。行われているのならまだしも、行われていないのならばなおのこと、はっきり言葉で伝えよう。

道徳規範も、法令遵守も、社会福祉も、いちいちいわなければいけない時代が既にきている。仕事上での配慮は、社会福祉というよりも会社福祉というべきなのかもしれないが、それも暗黙の了解で済ますのではなく、わざわざ口にするよう心掛けた方がいい。「そんなの常識でしょ」などと考えずに、言葉にするのだ。これがAさんへの回答になるだろう。

信条をしつこくいい続ける

心構えを職員同士で話し合って決める職場もあるが、できればこの事例のように、管理者が自分の思いを示す方がいい。凝ったものでも、シンプルなものでも構わない。大切なのは、その言葉に管理者の仕事に対する信条がこもっていることだ。そして、それを繰り返しいい続けることも、同じくらい大切なのだ。

事例の中に「この気持ちを全職員が忘れなければ必ずいい職場になる」という言葉があるが、まさに働く上で大切なことを忘れないために、心構えはある。また、貼り出して、常に皆の目に触れるようにしておく必要もある。そして、一度いいだしたら、しつこくいい続ける。リーダーが初心を貫いているかどうか。部下がその姿勢をみていることはいうまでもない。

かくいうわたしは新人時代、心構え不要派だった。事例のAさんよりひねくれていたので、その必要性について質問するどころか、最初からまったく無意味なものだと決めつけていた。社訓唱和も社歌斉唱も、経営者が自己満足でやらせている形骸化したセレモニーだとしか思っていなかった。

そんな人間がなぜいまは必要派なのかといえば、それはひとえに管理職を経験したからである。ただでさえ組織運営は難しいのに、共有する目標すら持たなかったら、多くの人を率いていくのはとても無理だとそのとき思い知ったからだ。

心構えに反する行為は指摘する

心構えは常に形式的なお題目になる危険をはらんでいる。いい続けることはもちろん大切だが、それだけでは不十分だ。錆びつかせないためには、管理者自身が心構えを態度や行動で示し続ける必要がある。いわば心構えの進捗管理である。

とりわけ、心構えに反するスタッフの行為は見逃してはならない。職場では、ほとんどの人ができるだけこの心構えに沿って働こうとしている。だが、中には「譲れない人」「ルールを破る人」「事情がある者を助けない人」が必ずでてくる。毎月シフト上で自分勝手を主張し続ける。勤務中の公私混同や遅刻が度重なる。家庭の事情でやむなく勤務に制限がある人を不公平だとなじる。そういった行為をみつけた場合は、必ず注意し、悪質な場合は注意書を作成して書面に残した方がいい。その方が再発防止効果は高い。また、周囲の支持もえられるだろう。

心構えに反する行為を見逃すことは、自分を抑えて働いてくれている大多数よりも、自分を押し通す人の方を認める行為に等しい。確かに、モラルやルールから外れている人に注意するのは気が重い。だがそれは管理者の仕事であり、管理者にしかできない仕事である。

割に合わない。その通りだ。単純な損得勘定だけでいえば、管理者の仕事はそもそも割に合わないことが多い。それでも誰かがやらねばならない。注意することを躊躇っている陰で、心構えに忠実なスタッフのやる気はどんどん低下していく。それがわかっているのなら、あなたがやるしかないのだ。

心構えは行動の指針でありたい。唱和や額縁の中だけに留めておくのではなく、管理者が率先して実行してこそ意味がある。利害が対立した時、ルール違反が発生した時、個人的なハンデで仕事に支障をきたした時、その都度心構えに照らして対応を決めることができる、そんな職場づくりをしたいものだ。

管理者ならば、心構えは必要という人であってほしい。同時に、それをお題目にしないためには、組織内に浸透させる日常的な努力と進捗管理が必要であるということも、理解している人であってほしい。

3. スタンスを明確にして事故を予防する

【事例】

最近、事故やクレームが増えてきた。デイサービスの立ち上げ当初から、管理者の務めのひとつだと考えて、事故報告とヒヤリハット報告の集計はマメに情報共有してきたが、利用者の増加に比例して明らかに事故やクレームが増えていることがわかる。

まずは送迎だ。大きな事故はまだないが、壁をこすった、ポールにぶつけたという自損事故の報告書が毎週のようにあがってくる。シフトミスで送迎が遅くなりクレームになったこともあった。フロア内では転倒事故も起きている。これも骨折等の大事には至っていないが心配だ。他にも小さな怪我やスタッフの言葉遣いへのお叱りなど、様々な事故やミスの報告が後を絶たない。

先日、ある利用者が転倒でしりもちをついたことがあり、幸い怪我はなかったのだが、側についていた新人スタッフに事故報告書をあげるように促したところ、「しりもちで始末書ですか？」といわれてしまった。事故予防に対する事業所全体の意識づけがまだまだなのを痛感した。管理者として、現場のリスクマネジメントをどのように進めていけばいいのだろうか。

組織拡大に伴ってリスクは増えていく

残念ながら、利用者数と事故件数は比例関係にある。原因はいくつか考えられるが、利用者の人数に対するスタッフ数の割合が一因ではあるだろう。立上げ時のマンツーマンに近い体制と、1名のスタッフで複数名の利用者をケアするのとでは、状況は明らかに異なるからだ。また、スタッフが多くなると全員の意思統一が難しくなるのは、あらゆる組織の宿命でもある。組織の拡大に伴って、管理者の「ケアサービスの目」と「マネジメントの目」が全体にうまく行き渡らなくなるのはままあることだ。

この事業所の良いところは、事故報告書とヒヤリハットを作成して情報共有する風土があるところだ。立ち上げ時から導入していたからこそ根付いた習慣といえるかもしれない。

この管理者は「様々な事故やミスの報告があがってきている」ことに気が気でない様子だが、報告があがってきているのはむしろ喜ぶべきことである。もちろん事故が少ないに越したことはない。しかし本当に怖いのは、事故が起きているにもかかわらず、その情報が共有されないことだ。「しりもちで始末書ですか?」という感覚を放置しておくと、やがてはせっかく培われた風土が失われてしまうかもしれない。このあたりで何らかのテコ入れが必要だろう。

事故報告書は始末書ではない

しりもちを事故とするか、ヒヤリハットとするかについては、事業所ごとに判断が異なるのが実情のようだ。「起きたか、起きていないか」で線を引く場合、しりもちは事故になり、事故報告書を作成することになる。「利用者やスタッフへの実害の有無」で判断するのならば、しりもちはヒヤリハットになり、ヒヤリハット報告書に経緯を記入することになる。ただし、同じ利用者のほぼ同じシチュエーションで起きたようにみえるしりもちであっても、何でもない場合もあれば、時に大腿骨頸部骨折等の場合もある。軽視は禁物だ。

「しりもちで始末書ですか?」という発言の問題点は、報告書を始末書と捉えている点にある。事故報告であれ、ヒヤリハット報告であれ、リスク関連の報告書は、その事故を起こした(起こしそうになった)者に事実報告を求めているのであって、謝罪や反省を記録することが目的ではない。

もちろん、事故が起きればその原因を追求し、反省すべきは反省する必要があるが、報告書自体は、事実の把握・分析・再発防止策を共有するためのものである。「事故報告書は始末書」ときかされて、積極的に報告する人がどこにいるだろうか。そのような誤解の蔓延は、やがて事故の隠蔽につながっていく危険性をはらんでいる。リスク関連の報告書の存在は、組織の風通しをよくする役割も担っていることを忘れてはならない。

事故を憎んで人を憎まず

確かに「事故報告書は始末書」という認識は現場に多い誤解だ。その原因のひとつは管理者の姿勢にもあるのではないだろうか。いくら組織内で「情報共有のためのもの」と位置付けていても、報告を受ける管理者が始末書のように扱っていては、誤解は深まるばかりである。

たとえば、事故が起きた後、管理者であるあなたが、「事故報告をあげておいて」というときに、どのようないい方をするかだけでも、受け手の印象は変わってくる。

事故を起こしてナーバスになっている部下にしてみれば、ぶっきらぼうな「あげておいて」は、たとえあなたにその気はなくとも、「始末書をあげておいて」にきこえるかもしれない。「事業所全体で再発防止に取り組みたいから」とか「これも事業所にとってはひとつの貴重な経験だから」といった一言を補っておくべきだろう。事故に対する管理者としてのスタンスを明確にすることが大切なのだ。

たとえば、わたしは「事故を憎んで、人を憎まず」という言葉をよく使ってきた。利用者、スタッフ、そして事業所の看板、すべてが傷つく事故という存在は憎い。だからそれをできるだけゼロに近づけるために再発防止を徹底していきたい。そのためにも反省する気持ちは持ってほしいが、だからといって、その事故を起こした人を憎む気持ちはない。憎むべきは事故そのものであって、その人ではないといい続けてきた。

きれいごとだとは思わない。自立支援と事故予防のはざまで日々悪戦苦闘している現場スタッフにこそ響く言葉だと思っている。

同じ事故は繰り返される

リスクマネジメントの基本は「事故予防」と「事故発生時の適切な対応」である。日常的には事故の発生を予測してできるだけ回避し、やむなく事故が発生した時はすばやく適切に対処する。これに尽きる。

「事故予防」の精度を高めるためには、事故報告やヒヤリハットの分析が不可欠だ。過去に起きた事故や未事故の傾向から今後起こりうる事故を予測し、その情報を事前共有することで、事故を抑制していく。

100件の事故の内訳が100種類の事故であるわけがない。分類方法にもよるが、その種類は多くて20程度であり、その中でも転倒や落薬など数種類の事故だけが繰り返し起きていることがほとんどだ。さらに、事業所別、利用者別、職員別にみていけば、事故が偏在していることがわかってくる。1人のヘルパーに訪問時間のミスが集中している、ある利用者の落薬だけが突出して多い、年間100件の交通事故を起こしたドライバーはわずか20人しかいないなど、傾向を掴むことで、ある程度の事故予測が可能になる。そこに絞り込んだ対策を打つことで、事故予防の有効性は高まる。

「事故発生時の適切な対応」の肝は、クレーム対応も含めて、とにかくスピードである。怪我をされた利用者と家族への連絡と謝罪、事業所内への周知と再発防止に向けた注意喚起、損害保険への連絡と書類手続、重大事故の場合は行政への報告、こういった細かい仕事を事故発生直後に集中的に行う。

特にクレームは火事と同じだと考えた方がいい。小さな火のうちに消し止めることが何より大切だ。大炎上して長期間対応を強いられたクレームが、実は苦情があったその日のうちに対応しておけば収まっていたレベルだった、ということも少なくない。

また、大炎上の原因として多いのは、苦情への初期対応のマズさにあることも付け加えておきたい。相手の話を最後まで聴き切らなかったり、言い訳がましくこちらの事情を先にいったりするのは、相手に不誠実な印象を与えてしまい、まさに火に油をそそぐことになる。

事故も、苦情も、すべてのミスはサービス品質をより良くするための資源であると考えたい。日常的な地味で地道な活動を抜きにして、リスクマネジメントは語れない。

4. 他産業に照らして介護事業の意義を問う

【事例】

中規模のデイサービスの管理者になって3年になる。前管理者の急な退職があり、会社から頼み込まれて当時は泣く泣く引き受けたのだが、最近になってようやく事業所経営の面白さがわかってきたような気がする。大げさにいえば、利用者の「生活」とスタッフの「生活」を預かっているわけで、そこに責任とともにやりがいを感じる。経営者ではないが、自分に任されているという実感はやはり大きい。

近頃は、介護サービスにとっての顧客ニーズや品質のあり方など、スタッフ時代には気が回らなかった点についても考えることが多くなった。ただ、わたしたちの仕事には少々特殊性があり、介護保険という法的枠組みと、それゆえの制約もあって、他産業の成功事例などをそのまま当てはめられないことも少なくない。たとえば、顧客ニーズを第一に掲げる一般企業は多いが、わたしたちはまず自立支援について考えなければならない。またサービス提供の前にケアプランがあるという点も独特だ。

歴史が浅い業界だけに、他産業から学ぶべきことは多いし、また学ばなければならないとも思う。組織運営や経営手法など、どのような点に気をつけながら参考にすればいいのだろうか。

優先するのは「安全」か「自立支援」か

「利益」「効率」「安全」「顧客満足」という4つの言葉を大切なものから順に並べるとしたら、あなたはどうするだろうか。もしあなたがブラック企業の経営者ならば話は簡単だ。「利益」「効率」「顧客満足」「安全」の順でいい。利益最優先、そのための効率重視、顧客満足は後回し、結果的に安全軽視ということになるにちがいない。

冗談はさておき、一般的には「安全」「顧客満足」「効率」「利益」の順になるのだろう。仮にそうだとして、ここに5つ目の言葉として「自立支援」を入れるとしたらどうなるだろうか。

直感的には「安全」のあとになる気がする。では、スタッフが転倒を恐れるあまり介助で歩ける利用者を車椅子移動にすることは、自立支援より安全を優先するという理由で許されるのか。いや、それはおかしい。となれば、自立支援は安全より優先されるということなるが、それもおかしいように思う。

そもそも自立支援と安全は本質的には矛盾することも多いのだから、この設問自体に無理があるのではないか。また、シチュエーションや度合いによっても答は変わってくるのではないか。このほかにも様々な意見があるだろう。

特殊性に逃げず、他産業に学ぶ

「顧客満足」という言葉に品質やコストパフォーマンスなど数多くの要素が含まれているとするならば、一般的なサービス業の場合、客に提供するべきものは、安全と顧客満足でほぼ語れるのかもしれない。

だが、介護事業の場合、自立支援という要素を考慮せずに、顧客満足と安全だけでサービスを語ることは難しい。また、尊厳という要素も無視できない。さらにいえば、人員基準や設備基準といった法令遵守の複雑さや重みも、一般企業とは明らかに異なる。

このように介護事業には、他産業にはあまりみられないいくつもの独自の要素がある。それはいうまでもなく、公共性の高さゆえの牽制であり、当然の規制である。自立支援と尊厳を核に持つ様々な基準は、過度な効率化や利益追求への抑制として機能している。そしてそれが、一方では外部経営知識をそのまま援用できないという、ある種の障壁にもなっている。

しかしながら、すべてを「特殊性」という一言で括ってしまうのは、あまりにも閉鎖的な考え方である。それは一種の思考停止に陥りかねない。介護事業者は、まだまだ他産業から学ばなければならない。事例の中に「最近は、介護サービスにとっての顧客ニーズや品質のあり方など、スタッフ時代には気が回らなかった点についても考えることが多くなった」とあるが、ようやく管理者に全体を見渡す余裕ができたのなら、ぜひとも外部経営知識を切り口にして組織の活性化に取り組んでみた方がいい。

アレルギーを議論の切り口として使う

ふつう企業経営に欠かせないとされている要素と介護事業独自の要素を並べてみれば、確かにわたしたちの提供しているサービスには、一般論だけでは語りきれない特殊性があることがわかる。重要なのは、その特殊性を踏まえた上で、改めて介護サービスにとっての「安全」「顧客満足」「効率」「利益」等について考えてみることなのだと思う。

介護職の中には「戦略」「利益」「マーケティング」「シェア」「単価」といった企業

経営分野の言葉にアレルギー反応を示す者も少なくない。だが、その反応の中にこそ、組織をさらに成長させるカギが隠されていると考えたい。

たとえば「単価アップ」というと、現場からは必ずといっていいほど「わたしたちは利用者を選べる立場にありません」というアレルギー反応が返ってくる。だが、ここで引き下がったり、逆にとにかく何とかしてくれとゴリ押ししたりするのはよくない。「では、結果的に単価の高い中重度利用者を多く受け持っている事業所とはどんな事業所か」と返して、ぜひ話を続けたいところだ。

この問いに対するひとつの模範解答は、「中重度利用者を受け入れられる力量を持っている事業所」になるだろう。そこから「わたしたちがそんな事業所になるにはどうすればいいのか」「より適正なケアプランをこちらからケアマネに逆提案すれば、それが結果的に単価アップにつながるかもしれない」といった議論が広がればいうことはない。

もちろん、うまく話がつながらないことも多いだろう。「それは、昔から中重度利用者をかかえている事業所か、昔からの軽度利用者が重度化した事業所のどちらかです」というにべもない答が帰ってくることだってある。でも、それはそれで構わない。経営的な物事への拒否反応が強い人材や組織は、こうやって少しずつでも揉みほぐしていくしかないのだ。

本書の冒頭で述べたように、介護事業における商品力と営業力は、その事業所のキャパシティに左右される。キャパシティを広げるためには、こういった地道な議論が欠かせない。介護報酬の加算要件に、エビデンスやアウトカム要素が盛り込まれる時代が既にはじまっている。アレルギーの緩和は、事業所運営の避けて通れない課題になりつつある。こういった事実は示しつつ、むやみに押し付けない方法を工夫したい。

人の気持ちを動かす仕組みは活かせる

介護事業所の中には、京セラの「部門別採算制」を導入しているところもある。テーマパークやホテル、航空業界が社外向けに行う接遇研修も相変わらずの人気だ。トヨタが世界に広めた「改善」は、皆さんの会社でも何らかの形で採り入れているのではないだろうか。

これらに共通しているのは、業態を超えて他者から学ぼうという姿勢である。メーカーのものづくりと、介護の対人支援サービスは、全くといっていいほど内容が異なる。また、同じ対人サービスでも、小売業のそれと介護現場のそれとはかなり違う。しかし、そこに人が働いているという点だけは同じである。人の気持ちを動かすことで人が動き、人が動くことで組織が動く。そのために考え抜かれた工夫やメカニズムには、学ぶに値するものが必ずあるはずだ。事情が違う、で素通りするのはもったいない。

これは本書の後半で詳しく触れるが、こういった外部経営知識に限らず、あらゆる物事の中に「教材」は眠っている。ひとつの事象から本質的な仕組みや手順を読み取る視点を鍛えれば、一見無関係に思える物事の中に新たな課題解決法をみつけることも不可能ではない。謙虚に学ぶという精神論ではなく、概念化という具体的な仕事術として積極的に取り入れることをぜひともお勧めしたい。

第2節　仕組みを整える

1. ルールに沿って人間関係を調整する

【事例】

3年前にオープンした有料老人ホームがようやく軌道に乗り始め、施設長としてほっとしたのも束の間、別の施設に異動になった。退職することになった施設長の後任である。グループ内の会議で運営状況が良くないことは知っていたが、改めてKPI（経営重要指標）をみてみると、入居率、人件費率、離職率、顧客満足度、すべての数字が悪い。つまりテコ入れを任されたというわけだ。

引継ぎのために施設に出向いたところ、玄関も共用部分も清掃が行き届いておらず、壁紙の剥がれや切れかけの蛍光灯の放置など営繕面での不備が目立つ。当然、職場の雰囲気も悪く、スタッフは皆、表情や所作に余裕がない。挨拶、言葉遣い、足音、ドアの開け閉め、耳に入ってくるすべての「音」に丁寧さが欠けている。ここまでにしたのはいうまでもなく施設長と社長の責任だが、今更いったところで仕方ない。

赴任後いちばん最初にすることにしているスタッフとの個別面談では、予想通り前施設長への不満が噴出した。最も多かったのは、施設内の人間関係の調整をお願いし続けていたがとうとう応じてくれなかったという恨み節だ。施設長が変わってもどうせ同じでしょうという諦めの声もきかれた。さあ、立て直しのスタートである。これは相当ホネが折れそうだ。

多様性を調整する

介護事業所の人材は多種多様だ。正規雇用と非正規雇用、年齢の幅といった一般的な多様性に留まらず、さらに複雑な要素が絡み合っている。

まず、有資格者と無資格者が混在しているため、両者が持っている基礎知識に差があり、コミュニケーション上の共通認識に齟齬が生じやすい。また、その有資格者は複数おり、介護職、看護職、セラピスト、ケアマネジャー、それぞれの専門性が異なる。専門性の違いは立ち位置の違いであり、どうしても意見がぶつかることは多くなる。さらに、事業規模が大きくなるとここに総合職が追加されるので、関係性はより複雑になる。

事例中の「人間関係の調整」とは、すなわち、現場で発生する揉め事を収める、ということだが、その中身は、いま述べたような専門性を背景にしたものばかりではない。好き、嫌い、ウマが合う、気に食わない、なぜあの人だけラクをしているのかといった、非常に人間臭い話題にも日々事欠かない。

こういった複雑な状況は確かに大変だが、ネガティブには捉えない方がいいだろう。ひとりの人間の生活を丸ごと支えるケアという仕事には、この多様性はむしろプラスに働いていると考えるべきだ。同じような学歴、同じような思考パターン、同じような人生経験を持つ職業集団が、この仕事を担えるとはとても思えない。様々な立場の人間が携わることで複眼的なチームケアが担保されているのなら、人材の多様性は大前提だ。多様性は複雑な人間関係を生じさせやすいのだから、その調整は管理者として避けて通れない仕事なのである。

仲裁か、注意か、異動か

前節で、ダメな管理者は、だらしない・計画がない・聞かない・決めない・関心がないと述べたが、施設内の人間関係を調整しないという行為は、少なくとも「聞かない」「決めない」「関心がない」に抵触している。

逃げなのか、傲慢なのか、人間関係を調整しない管理者は、とにかく現場の声を「聞かない」。そして聞いたとしても対立を緩和する行動はとらない。つまり「決めない」。それは現場に「関心がない」とスタッフたちの目には映ってしまう。

まず、揉め事を収める方法を決めよう。人間関係の調整というものは、大体「①仲裁（リーダーが間に入って人的対立を収める）」、「②注意（問題のあるスタッフに注意して改善を促す）」、「③異動（社内異動で人間関係を変える）」のいずれかで対応するしかない。

「①仲裁」について重要なのはスピードである。人的対立の火事は時間が経つほど燃え広がっていく。初期段階で火消しするためには、揉め事の情報をいち早く現場からあげてもらう必要がある。だからこそ「聞く」という姿勢は大事なのだ。現場から「聞かない」と思われている管理者のところに情報は集まってこない。

仲裁時には双方の言い分を聞くだけでなく、事前に水面下で周囲のスタッフの見解も聞いておこう。当事者同士は各々の正しさを主張して客観性を欠くことが普通だからだ。その上で、（Ⅰ）一方の意見に従ってもらう、（Ⅱ）双方の妥協点をみつける、（Ⅲ）管理者の意見に従ってもらう、のいずれかをジャッジする。揉め事の原因は、勤務交代時の引継ぎ内容や業務上の手順など、職場のルールの不徹底であることが多い。それらについての今後の約束事を、管理者立ち合いの上で決めることに価値がある。

注意は口頭より書面が有効

揉め事の原因が人的な対立ではなく、1人のスタッフの振る舞いにあると判断できる場合は「②注意」である。遅刻や勤務中にサボる、自分勝手が過ぎてチームワークを乱す、感情的・攻撃的な言動を繰り返す、そういった職員には注意して改善を促す。仕事を増やしたくないという理由だけで自分の職場の負担を一定以下に保とうとし、その考えに周囲を従わせているようなベテラン職員も注意の対象になる。「裏ボス」や「院政」に怯んでいるようでは、管理者は務まらない。

このようなスタッフが、稀少な資格を有していたり、かなりの戦力であったりするのはよくある話だ。退職されると困るので注意を躊躇うという話をたまに耳にするが、管理者ならば冷静になってよく考えてみた方がいい。天秤のもう片方には、あなたの求心力や他のスタッフの士気、場合によっては職場のモラルそのものが乗っているのだ。どちらを失う方が損失は大きいだろうか。答は明らかだと思う。時機を見ていうべきことはいった方がいい。

注意は口頭でも構わないが、相手の逸脱の度合いがひどい場合は、注意内容を書面にして渡し、署名と押印をもらう方がいい。始末書は就業規則上の懲戒事項にあたることが多いので使い勝手が悪い。まずは注意書がいいだろう。書面に残す。その行為が相手の記憶に残り、一定の抑止力を持つのだ。

一度の注意で改善しない場合、再度注意を行うことになる。その際に、この注意書があるのとないのとでは大きな差がでる。一度目の注意書を目の前に置いて行う二度目の面談には重みがある。逸脱の度合いがひどいスタッフは同じ行為を繰り返すことがままあるので、ここで書面が効いてくるわけだ。

人事異動で状況を変える

最後に「③異動」は、複数事業所を運営している場合や事業所内に複数フロアがある場合、有効な手段のひとつである。どちらが悪いわけでもなく性格が合わない、というのは常に一定数発生する。乱用は避けるべきだが、合わない2人を物理的に遠ざけるのは合理的な方法である。一方が辞めてしまうより余程いい。

なお、その事業所が既にモラル崩壊に陥っていると判断される場合も、人事異動は有効である。「人手が足らないのだから利用者には最低限のサービスでいい」「ケアの質をあげたところで給料は変わらない」「努力してもしなくても結果は同じ」これに類する発言がまかり通るような組織は、根本的なモラルが失われてしまっている可能性が高い。ここまでいくともはや仲裁や注意では埒が明かないことが多く、大胆な人事異動に踏み切るのが妥当だ。少数の問題社員が他のスタッフを抑えつけてモラル崩壊が起きている場合は注意が効くこともあるが、それを行う管理者には相当の覚悟と労力が必要になる。また、必ずしもうまくいくとは限らない。テコ入れの途中で管理者が心を病む可能性もある。

モラル崩壊は利用者の生命にかかわる深刻な問題である。経営者であれば、早急な対処は当然のことながら、最悪、事業所の休止・閉鎖も視野に入れておくべきだろう。

2. 接遇改善を組織化する

【事例】

訪問介護事業所が開設10年を迎えたのを機に、全利用者を対象に無記名のアンケートを実施したのだが、接遇に関する項目の評価が想像以上に低かったことにショックを受けている。自由記入欄にも、言葉遣いや立ち居振る舞いの粗雑さに対する苦言が少なくない。

ここは管理者が憎まれ役を買ってでるしかないと思い、「風紀委員」になることにした。嫌われるのは承知の上で、挨拶や電話の出方、服装の乱れについて、気がつくたびに口うるさく注意し続けている。

ただ、居住系や通所介護と違って、訪問介護は目の前でスタッフの仕事ぶりをみることはほとんどない。訪問にでかける時と帰ってきた時に注意することはできても、実際にご利用者宅でどのように振る舞っているのか、本当のところはわからない。教育というものは、ミスが起きたその場か直後にするのがいちばん効果的だといわれるが、それができないのだ。スタッフ全員に付いて回るわけにもいかず、どのように指導していけばいいのか頭を悩ませている。

服装の乱れはサービスの乱れ

『カールじいさんの空飛ぶ家』（2009年・アメリカ）に、老人ホームの職員が登場するのはご存知だろうか。事件を起こして施設に強制的に入所させられることになった主人公のカールじいさんを、2人の職員が車で迎えにくるシーンのことである。

このアニメ映画は、主人公が自宅に大量の風船をくくりつけて家ごと空の冒険の旅にでるという筋書きである。ストーリー構成上この場面では、彼がそれほどの大胆な行動にでる動機が必要になってくる。愛妻と死別した、だけでは弱い。であれば、アニメの作り手は、ここで観客に「この老人ホームに入所してもあまりいいことはないですよ」ということを伝えなければならない。そうしないと、観客は主人公の旅立ちに心から共感できなくなってしまう。あなたなら「入所したくない施設」をどのようにあらわすだろうか。職員の顔を意地悪そうに描くか。それとも運転が乱暴な傷だらけの送迎車に迎えにこさせるか。

作者の選んだ表現は、さりげないがなかなか痛烈だ。1人の職員の襟首から「タグ」を飛び出させて描いたのである。「服装が乱れている職員が働いている施設はきっとサービスも乱れていますよ。このユニホームのように雑に扱われますよ」ということだろう。ストーリーは奇想天外でも細部はリアル、しかもちょっと辛口という、いかにもピクサーアニメらしい描写だと思う。

風紀委員という憎まれ役

服装の乱れはサービスの乱れと考えるべきだ。食器を軽くみる料理人がいないように、サービス業にとって服装は決して無視できない要素である。心がこもっていれば、技術が確かならば、どんな服装でも構わないということにはならない。心がこもっているのならば、自ずと相手に不安や不快感を与えない服装になる。技術が確かならば、その確かさを服装でも示すようになる。それが自然な成り行きだ。

この事例の管理者もそう考えて憎まれ役の「風紀委員」をあえて買ってでたのである。掛け声だけの「みんなで気をつけよう」は「みんなが気をつけない」になりかねない。こういう時はまず「みんなで気をつけよう」と本気でいい続けるリーダーが必要である。

繰り返しの注意は否定的に捉えられることもあるが、過度にならない程度の継続的なうるささは必要だ。またそれはリーダーの重要な役割のひとつでもある。

理念や接遇は時間とともに劣化しやすい。事故予防の考え方とも似ていて、小さな綻びをみつけたら大事故の種と考え、その場で修正することが大切だ。この事業所のように、小さな綻びを放置していたツケは、やがて接遇評価が低いという大きな問題となって返ってくることになる。

また、事例にもあるように、誤りを正すのはその場か直後が効果的であるのも事実だ。「注意その場主義」は有効な指導法のひとつである。地味な活動を根気強く続けていくことはやはり大切なのだ。

接遇委員を配置して目標管理する

では、地道な注意だけでスタッフの接遇が向上するのかといえば、当然充分ではない。ＯＪＴで小まめに指導を行う一方で、接遇向上への自発的なモチベーションを高める仕掛けも必要である。事例中に「実際にご利用者宅でどのように振る舞っているのか、本当のところはわからない」とあるように、とりわけ訪問介護の場合はＯＪＴにも限界がある。接遇向上への行動を促す施策や制度づくりも併せて行いたいところだ。

たとえば、事業所が複数ある事業体であれば、各事業所に接遇委員を配置するというのも一案である。これと見込んだスタッフを委員に任命し、組織全体に周知する。些少でも委員手当をつけることができればなおいい。

彼ら彼女らには、管理者と相談の上で、接遇向上推進の責任者として年間目標を立ててもらう。内容は「挨拶運動」でも「正しい電話応対徹底」でも構わない。事例のような利用者向けアンケートがある場合は、その結果の改善を目標としてもいい。その目標を達成できるよう、日常的に様々な品質向上活動に取り組んでもらうのだ。そして、年1～2回、委員たちを集めて活動報告会を開催する。ここまでできれば、立派な「接遇の組織化」である。

現場の接遇を一定レベル以上に保つためには、研修と接遇委員の配置だけでは不十分だ。研修をカンフル剤として活用しつつ、また接遇委員を旗振り役として動かしつつ、各事業所に日常的活動を根付かせることができるかどうかがカギとなる。目標管理を軸に据えた横断的組織化まで踏み込んで初めて、この取り組みはスタートラインに立てる。それほどまでに、現場における接遇の継続的維持・向上は難題だ。

ゲーミフィケーションというアイデア

『カールじいさんの空飛ぶ家』には、主人公を助けながら一緒に冒険する男の子が登場する。彼はボーイスカウトの活動で、知識の習得やボランティアごとに与えられるバッジを集めているのだが、これに類する取り組みが最近企業でも試行されている。仕事上で迅速な対応をした人にはスピードバッジ、いいアイデアをだした人にはアイデアバッジというふうに、優れた行動を分類し、ゲーム感覚で日常的に表彰するわけである。ＬＩＮＥスタンプやいいね！に類するものを社内ネットワークで運用している会社もある。

こういった取り組みは「ゲーミフィケーション（ゲームの社会的活用）」と呼ばれ、新しい社内のコミュニケーション法やモチベーションを高める仕組みとしても近年注目されつつある。事例の事業所ならば、スタッフ間の互選という形で接遇バッジを導入してみるのもいいかもしれない。表彰というと、格式ばったものやある程度の副賞を用意しなければならないと考えがちだが、ご褒美はささやかでもいい。社内の風通しをよくする小さな工夫と考えて、こういった仕掛けを気軽に取り入れてみるのもひとつの方法である。

「君はお年寄りを手伝った。しかも予想以上に立派な働きをした。よってわたしの権限で最高の名誉を授与する」映画の終盤、ボーイスカウトの表彰式でカールじいさんが男の子に特別なバッジを授与していうセリフである。介護事業所の表彰式でそのまま使われてもいい素敵なセリフだと思うが、いかがだろうか。

3. 分担を見直してプレマネ問題を解決する

【事例】

今日も早朝から夜まで、びっしり訪問サービスが詰まっている。7時開始の1件目からはじまって、短い昼休憩を挟み、そのあとは夜の8時まで訪問が続く。半年前に常勤ヘルパーが1人辞めてから、ずっとこの調子だ。社長のわたしがこんなに走り回っていていいはずはないのだが。

最後の訪問が終わって事業所に戻ると、長年サービス提供責任者を続けてくれている主任が疲れ果てた表情で待っていた。思わず退職の話かと身構えたが、「辞めたりしませんよ」と主任は苦笑い。「でも、他のサービス提供責任者はもう限界。このままじゃ辞めちゃいますよ。何とかしません?」事業所運営の改善についての相談だった。

主任の提案は次のようなものだった。「①いま社長が持っているサービスの大半を主任が引き受ける」「②主任が持っているサービスの半分と、他の2人のサービス提供責任者が持っているサービスの一部は、比較的キャパシティがある3人の登録ヘルパーたちに振り分ける」「③社長はできるだけ事業所にいて、計画書と記録全般を整備しながら、とにかくヘルパーたちとコミュニケーションを取る」そして彼女は真剣な眼差しで最後に付け加えた。「各々の業務引継ぎのために、向こう2か月間だけ新規受け入れを止めて下さい」。

期限を決めて業務負担の配分を変える

かつて実在した優秀な主任のエピソードである。この事業所は、実際にこの提案通りの運営改善を行い、一旦落ち着きを取り戻した。

「向こう2か月間だけ新規受け入れを止める」という決断には、利用者獲得が途絶えるという大きなリスクが伴う。経営者として相当な勇気がいったと思うが、この提案の肝はここにある。過重負担からサービス提供責任者が退職して状況がさらに悪化する前に、一定期間サービスの流入を止めて運営改善のための時間稼ぎを行ったのである。

一定数以上の利用者を抱える訪問介護の場合、ほぼ毎月、入院・入居・逝去が発生する。従って、新規受け入れを停止すると総利用者数は減少する。その分のサービス負担の軽減も見越した上で、2か月間で業務負担の配分を変えようとしたのだ。

もちろん、この事例は緊急措置に過ぎない。あくまでも対症療法である。新しい登録へルパーが増えないまま2か月後から新規受け入れを再開し、社長やサービス提供責任者たちがそれを引き受けることになれば、また元の状態に戻ってしまうかもしれない。

だが、こういった緊急措置すら講じずに、サービス提供責任者のような貴重な人材を失ってしまう事業所が少なくないのも事実だ。このご時世、いまいる人材が最高の人材と考えなければならない。仮にサービス提供責任者が1人辞めたとして、同等かそれ以上の能力のあるサービス提供責任者が入社してくる可能性は、年々低くなってきている。既存社員の退職は、いまや事業所経営そのものを揺るがしかねない大きなリスクなのだ。

プレイング・マネージャーのプレイング過多問題

介護事業所の管理者、とりわけ訪問介護の管理者は、サービス実務を兼務するプレイング・マネージャーであることが少なくない。それ自体決して悪いことではないのだが、管理者のプレイングの割合が多すぎてマネジメント業務に支障をきたすようでは問題がある。

利用者確保を含む業績管理、ケアの質を一定以上に保つサービス品質管理、法令に沿った介護記録の管理など、多岐にわたる管理者のマネジメント業務の中で、労務管理はとりわけ重要である。事例の中で管理者とサービス提供責任者が話し合っているような、各スタッフのモチベーション状況の把握と、それに応じた労働負担の調整は常に欠かせない。

訪問介護は利用者宅が現場だ。入居系や通所系とちがって働く場所が個々に分かれているので、ただでさえ職員同士で顔を合わせる機会が少ない。その場で上司に相談することもできない。その上、管理者が事業所にいなければ、立ち寄ったヘルパーと直に接する機会すら失ってしまうことになる。

このプレイング・マネージャーのプレイング過多問題は、介護事業所の円滑なマネジメントを阻害している最大の要因である。この問題をある程度解決してからでないと、いくら他の施策を打っても無意味だといっても過言ではない。物理的にプレイングの時間を減らし、マネジメントの時間を増やさなければ、マネジメントはできない。

では、そのマネジメントの時間をどうやって捻出するのか。まずここでひとついえるのは、事例のような手順で業務負担の配分を変えていくことである。それはまちがいなく有効な手段になりうるだろう。

人材不足だけが問題ではない

もちろん、この問題の根本には人材不足がある。また、管理者のプレイングの受け皿となる人材がいなければ、業務の移行ができないことも理解している。しかしながら、では仮に人材が豊富であれば管理者のプレイングは過多にならないのか、人材不足が解消するのかといえば、決してそうではないと思う。

そこにはやはり、管理者へのマネジメント教育の不在という問題が横たわっている。プレイング過多の問題点や、業務移行の具体的方法について何も教えなければ、いくら人材が採用できたとしても、管理者はプレイングを抱え込み続け、マネジメントは行われず、人材は流出し続けるに違いない。

マネージャーのプレイング過多は、何も介護業界特有の問題ではない。営業マンが営業課長になり切れない、販売員が店長になりきれないなど、他の業界でも同様の状況がある。また、その対策として、一職員が管理職に生まれ変わるためのアンラーニング（学び直し）の必要性も議論されている。しかし、こういった人材教育や組織開発に関する知見が、介護業界に援用されることはほとんどない。

新任の管理者には学び直しの機会を用意し、改めてプレイングとマネジメントの違いについて教育する。業務移行や権限委譲の方法を教え、今後はできるだけマネジメントの比率を高めていくよう促す。そのような取り組みで、燃え尽きる管理者はもっと減らせるのではないだろうか。

「全員プレイヤー状態」の危険性に気づく

事業所内でマネジメントの仕事をしている人が誰もいない「全員プレイヤー状態」は、船長不在のまま船が航海を続けるのと同じことである。いつどこに到着する予定なのか、途中でどこに寄港して燃料や物資を補給するのか、嵐や氷山に遭遇する恐れはないのか、そういったことを船中の誰一人として意識していない状態がどれほど危険なことなのか、いま一度、よく考えてみるべきだ。日々船はなんとか進んでいるだけに、この危険には気づきにくい。

プレイングの大半は他の誰かでもできる。だから、可能な限り他の誰かにお願いする。マネジメントはマネージャーにしかできない。だから、疎かにしない。この点を理解することが、マネージャーになった者の学び直しの本質である。

プレイヤー歴が長ければ長いほど、そのプレイングが自分以外にもできるとは認めたくないものだ。専門職であればなおのこと、仕事を手放すことには抵抗があるだろう。仕事を引き継ぐ際に教えるのもかなり面倒だし、教えたスタッフが納得のいくレベルに達するまでには時間もかかる。でも、それをしなければ、マネジメントというあなたにしかできない仕事をする時間は捻出できない。管理者だけは、船長の仕事は船長にしかできないことを、決して忘れてはならない。

もちろん、プレイング・マネージャーのプレイングを、業務分担の見直しだけで減らすことは難しい。事業所全体のプレイングの受け皿を増やすことも一方では必要になる。次項で取り上げた「多能工化」と「多分業化」にも併せて取り組んでみてほしい。

4. 多能工化と多分業化で受け皿を増やす

【事例】

先日、他社の訪問介護事業所の所長をされている方と話す機会があった。いろいろと情報交換ができてとても有意義だったのだが、ひとつ驚いたのは、当社とほぼ同じ利用者数の事業所なのに、非常に少ないスタッフ数で運営していることだった。きけば、登録ヘルパーの月平均の稼働時間がうちと倍ほど違う。当社の1人当たりの稼働時間数の少なさを改めて思い知らされた。理由は分かっている。身体介護が苦手で生活援助中心のスタッフと、家庭の事情等で月20時間程度しか働けないスタッフが多いからだ。

その事業所でも、数年前まではうちと同じような状態だったらしい。毎月のように利用者が増えているのに求人広告をだしても新人が入ってこない時期があり、生活援助中心のヘルパーを身体介護もできるようにしたのだという。所長をはじめとする常勤職で分担して集中的にマンツーマンで教えたそうだ。

幸いなことに、当社は登録ヘルパーの人数が多い。同じように教育できればサービスの受け皿を増やせそうなのだが。

多能工というヒント

多能工という言葉をご存じだろうか。メーカーの工場の組み立てラインなどにおいて、複数の工程を受け持つことができる技術があるスタッフのことを指す。

たとえば、ベルトコンベアの上を流れてくる組み立て中の製品に、1人で10種類の部品を取り付けていくことが1工程だとすれば、1人で3工程30種類の部品を取り付けることができる人が多能工だ。そしてこの多能工を究極まで進化させたのが、「一人親方」や「マイスター」と呼ばれる熟練の職人たちである。

彼ら彼女らは、驚くべきことに、1000点以上の部品がある1台の複合機をたった1人で組み立てることができる。しかも、複数名で組み立てるライン生産よりも効率が良く、不良品率も低いのだという。まさに究極の多能工である。そしてこのマイスターは、1人で完成させた複合機に自分のサインを入れるのだ。もはやその姿は、仕上がった工芸品に銘を刻む匠のそれである。

もちろん、製品相手の製造工場と、利用者に対応する介護サービスは、まったくの別物だ。モノづくりと対人サービスを混同して語るつもりはない。ただ、この考え方自体は、介護事業運営にも援用できるだろう。

多能工のヘルパーとは

多能工という考え方を仮に訪問介護に当てはめてみよう。当然、ヘルパーの多能とは、技術だけでなく、心・技・体すべてにおいての多能であるという前提で、である。

まず、生活援助だけでなく、身体介護もできるヘルパーが多能工だといえるだろう。さらに進んで、全利用者に対応できるとなれば、これは熟練多能工ということになるだろう。その熟練多能工がさらに腕を磨き、難病や困難事例も受け持てるレベルに達すれば、まさにマイスターである。その人の介護記録への署名は、ぜひ匠のサイン、と呼んであげたい。

何もマイスターでなくていい。多能工の登録ヘルパーが何人かいれば、守備範囲が広い人材がいる分、シフトのバリエーションは確実に広がる。選択肢が増えれば、より無理のないシフト組みができるようになり、その分効率がアップする。事例のように、限られたスタッフ数でサービスを受け入れることが可能になるわけだ。

訪問介護を事業運営の視点からみた場合、ケアマネ等から新規サービスの打診があったときに、それに応えられる人材のキャパシティをどれだけ用意できているかがカギになる。新規採用によってそれを補うことが年々難しくなる中で、既にいる人材のキャパシティを拡げる多能工化の取り組みは、ひとつの有効な人材施策になりうるだろう。

「稼働域」を質と量の両面から広げる

キャパシティは、質と量の両面から広げていく。まず質については、生活援助しかできない人は身体介護もできる人に、その次のレベルの人は別の利用者を担当できるように、研修や同行を通じて指導していく。ヘルパーごとに個別計画を立てて、徐々にレベルを上げたり、対応可能な利用者を地道に増やしたりしていくのだ。ポイントは、個別に、計画的に、少しずつ、だ。

次に量だ。シフトを組む側にとっては、ヘルパーがサービスに入れる時間の幅も多能工化の対象である。1人1人と面談して、各人の対応可能な時間の幅を開発していくのだ。登録ヘルパーの物理的な労働可能時間の幅は、様々な制約で狭められている。子供が就学前、家族の介護、配偶者の考え、等々の個別事情があるわけだが、実はこれらの制約には流動性がある。子供は成長とともに手がかからなくなるし、入居とともに在宅介護はなくなる。配偶者の考えが変わる可能性もある。それを定期的な面談で確認するのだ。現状というものは、定期的なモニタリングでしか把握できない。もしこの前の面談から1年以上空いていれば、やってみる価値はある。

マイスター制は、業務効率だけでなく、職員のモチベーションも高めたといわれている。

1人で複合機を組み立てることができるという自信と誇りは、職員たちのやる気と責任感にも好影響を与えたのだ。自分ができる仕事の幅が広がれば誰だって嬉しい。成長できる喜びに業種の差はないはずだ。

多分業というヒント

多能工と違って「多分業」という表現は自身の造語だが、絵空事ではない。これはわたしが入居・在宅の複合施設の施設長職にあった時に関わった施策のひとつであり、どちらかといえば入居系サービスに有効な手法である。

きっかけは、ミーティング時にとあるフロアリーダーが発したひと言だった。彼女は「消毒液の入れ替えや、紙おむつなどの空き段ボールを1階に下ろす時に、誰か他の人がやってくれないかなと思う」といったのだ。ではその人をパートで雇おうということになり、実際に近所に住む60代の男性パートを採用したところ、その仕事は見事に分業できたのである。

入居者の生活を支えるスタッフの仕事はすべてケアである。だが、厳密にいえば、食事介助・排泄介助・入浴介助等の「ケア業務」と、清掃や物品管理等の「ケア周辺業務」に切り分けることができる。日常業務の棚卸しを行って「ケア周辺業務」を発掘し、その人員を確保できれば、ケアスタッフの業務負担を軽減することは可能だ。

ケアスタッフの採用は年々厳しさを増している。だが、ケア周辺スタッフであればまだ採用の余地はある。ショートステイの入退時の荷物チェックと居室清掃、デイサービスのドライバー、配車表の作成、夕方の清掃業務、入居施設の営繕や植栽管理など、短時間業務や限定業務は数多くある。もしこういった業務が正社員の時間外業務の一因になっているとしたら、業務切り分けの効果は残業削減として数字にあらわれてくる。正社員の残業単価よりパート職の時給単価の方が低いことはいうまでもない。

今後、入居施設を中心にIT化が進んでいくことが予測されている。その際に重要なのは、この切り分けの視点である。日常業務のアセスメントを行い、IT化できそうな業務については、導入コストや効果をみながら切り替えが進んでいくことになるだろう。「ケア業務」はケアスタッフ、「ケア周辺業務」は別のスタッフ、やがてその一部をIT化、という流れで徐々に仕事の移行が進んでいくのではないだろうか。

多分業については、次章第2節の「人材育成と実務会議を融合させる」でより詳しく触れているので、併せて参照していただきたい。

第3節　動機づけを仕掛ける

1．権限委譲で次世代を育てる

【事例】

訪問介護事業所を開設して7年目になる。今年に入って利用者が100名を超えたのを機に、それまで管理者である自分が一手に引き受けてきた諸々の業務を、3名いるサービス提供責任者に引き継ごうということになった。

まず管理者はサービス提供責任者の兼務をはずれ、全体の舵取りと人材育成に専念することにした。サービスについてはこれまでも担当制のような形だったが、改めてエリアを大きく3つに分け、その地域の利用者を各サービス提供責任者が担当するようにし、登録ヘルパーも住所で大まかに振り分けた。担当する利用者数は経験年数に応じて差を付けた。これまで管理者がひとりで行ってきたシフト作成も、今は各サービス提供責任者で作るようになった。ベテランのサービス提供責任者は、陰でヘルパーたちに「前よりシフトの融通が利かなくなった」といわれてへこんでいるようだが、その理由でヘルパーからわたしに直談判があったときは、「任せているから」といって取り合わないようにしている。権限委譲はとにかく我慢だ。余程のことがない限り口は出さないと決めている。

「アタマ越し」は極力控える

業績の拡大に伴って事業所が「店」から「組織」になる時、避けて通れないのが、トップからミドルへの権限委譲である。その際、最も注意しなければいけないのは、直談判、いわゆる「アタマ越し」への対応である。

事例のように、サービス提供責任者を飛び越してヘルパーが所長に意見をあげるのはよくある話だ。この時、もし、所長がヘルパーの意見を聞いてサービス提供責任者に「もう少しシフトの融通を利かせてあげて」などといってしまったら、サービス提供責任者は立場がなくなる。へそを曲げて「それなら全部ご自分でやって下さい!」となってしまうかもしれない。それでは権限委譲した意味がない。

所長から改めて指示がでてそれが通ってしまえば、直談判したヘルパーは「このサービス提供責任者には権限がない」と思うことだろう。身も蓋もないが、権限がない上司のいうことを人はきかないものだ。しかもこのやり取りは確実に組織内に広まる。上が口出ししてしまうことで、せっかく委譲した権限が元に戻ってしまう無駄は避けたい。

アタマ越しは、権限委譲された者のやる気を削ぐばかりか、せっかく委譲した権限を無力化してしまう。度を超えると組織を壊すことにもなりかねない。もちろん、明らかな間違いや的外れなマネジメントには指導が必要だが、任せると決めた限りはできるだけ口をださないことが理想だ。例のように「権限委譲はとにかく我慢だ」と心に決めた方がいい。

事業規模に応じて「分担」から「分権」へ

次の担当が経験者でもない限り、すぐに同じレベルの仕事ができないのは当然のことである。委譲した方も、された方も、未熟を肯定して諦めることから始めるしかない。

物事を始める入口で相手に求めすぎてしまうことが、そこから先に進めない原因になっていることはままある。期待しないで始めればやがてうまくいくのに、期待して始めてしまってうまくいかなくなるというのは、あまりにも残念な話だ。求めすぎは相手にとって過度なプレッシャーになることを覚えておきたい。

規模に応じていくら業務分担を続けても、店は店のままであって、決して組織にはならない。何も業務分担が悪いといっているのではない。分担は仕事上不可欠だ。ただ、その分担に権限が伴わなければ、店は組織にはならない。事例のように、訪問介護の場合なら利用者が100名を超えたあたりが、分担から分権に踏み切るひとつの目安になるだろう。

またそれは、人材育成とも密接に関係している。最終的に、自分の責任において自立的に判断できるようにならなければリーダーにはなれないからだ。分担していた業務に権限を上乗せして分権が完了したら、「アタマ越し」に抵触しないように十分に注意を払いながら、黙って推移を見守る。やり方の違いや小さな失敗は許容する。リーダーというものはそうやって育てていくものだ。

事例の中にでてきた「任せているから」は非常にいいセリフだ。この言葉には、リーダーたちのモチベーションを上げる力とともに、彼らを育てる力もある。

トップが納得する「その時」は永遠にこない

トップは常に「任せられる時期がきたら任せよう」と考えている。だが、その任せられる時期はなかなか訪れない。なぜなら、トップが思う任せられるレベルというものは、往々にして高すぎるからだ。それは、どうしても今の自分と同レベルが基準になっているからである。そのレベルを下げない限り、極論すれば任せられる時期など永遠にこない。このトップにあたる人は、社長でも、管理者でも同じだと思う。

また、仮にそのレベルを下げたとしても、今度は任せるタイミングが難しい。春から任せよう、再来月から任せようとは思いつつも、詰めの甘い利用者対応や優しすぎるスタッフへの指導などを目の当たりにしてしまうと、「まだ早いのではないか」という不安が頭をもたげてくる。そうやって、ずるずると権限委譲の時期は延びていく。

結論としては、トップ自身が諦めるしかない。どうみても未熟だが、諦めて任せる。それしかないのだ。育ってから任せるのではなく、任せてから育てる方向に考えを切り替えるのである。

前述したように、自分の権限と責任において自立的な判断で仕事を進めさせてみなければ、人は育たない。責任者の仕事をそばでみているのと、実際にやってみるのとでは、得るものはまったく違う。それは、責任者の思考のプロセスが外からはみえないからだ。実際にその仕事をやってみると、どういう流れの中で、何を目安に、どういう意図があってその行為を行ったのかがよくわかる。任せてから育てるとは、まさにそういうことだ。

「丸投げ」と「任せる」の違い

権限委譲を進める上でもうひとつ留意しておきたいのは、「丸投げ」と「任せる」の違いである。せっかく後継者のひとりとして権限を委譲して仕事を任せているのに、任された方が仕事を丸投げされたと感じているようでは失敗である。

「丸投げ」も「任せる」も、権限を与えてしまうという点では同じだ。違うのは、トップの「進捗確認の有無」と「最終責任の有無」である。

「丸投げ」する管理者は進捗を確認しない。仕事を与えるときに内容と納期は最低限伝えるのだが、その後、仕事の進み具合についてはほとんど確認しない。そのまま納期通りに仕事が終わればいいのだが、納期に遅れそうだとか、間に合わないという状況になると、途端に怒り出す。なぜもっと早くいってくれなかったのか?と部下の責任を追及してくる。これが、任された側が「丸投げされた」と感じる典型的なパターンである。

「任せる」管理者はこの逆だ。任せた仕事の進捗をしつこくならない頻度で確認し、たとえうまくいかなかったとしても、注意はするが責任は追及しない。そもそも、納期に遅れがでそうなときや失敗が予測されるときは、事前に適切なアドバイスを加えて軌道修正を行うので、うまくいかないこと自体が少ない。こういう仕事の与え方をされると、部下は「任された」と感じる。

権限委譲しても、進捗確認と最終責任という仕事は管理者の手元に残る。そこは肝に銘じておきたい。

2. 職業を演じることを肯定する

【事例】

新卒の男性Bさんから相談を持ち掛けられた。彼のエルダーは20代の男性で別にいるのだが、この悩みは何となく話しづらいとのことで、彼からみれば母親に近い年齢である管理者のわたしに相談した、ということらしい。

こちらからみれば、人あたりがいいさわやかな雰囲気の若者である。毎日懸命に仕事に打ち込んでいる様子だっただけに、悩みがあるとは意外だったが、Bさんのその悩みというのは、「仕事上の自分が本当の自分でないこと」なのだという。本当の自分は、人づき合いが苦手な引っ込み思案で、いまの人あたりがいいさわやかキャラは、無理して作っているのだそうだ。彼いわく、介護職はいい人でなくてはならないのでこのキャラを演じているが、実際の自分はそんなできた人間ではなく、無理して演じなくてはならないような仕事は自分には向いていないのではないか、というのだ。なんとも純粋で健気な悩みなのだが、当の本人は至って真剣である。エルダーには一蹴されると思ってわざわざこちらに相談してきたわけだから、何とか本人の気持ちを汲みながら、彼の悩みの解消につながるような言葉をかけてあげたい。

すべての人は役者

職場で演技に関する言葉を耳にすることは少なくない。「今回はわたしがあえて悪役を演じましょう」「ようやく役者が揃ったね」「ひと芝居打ちますか」などという言い回しは、なかなか古風な表現であるにも関わらず、いまだによく使われている。ほかにも「表舞台」「裏方」「花道」などという言葉も健在である。

日本は本音と建前の文化だといわれる。すべてとはいわないが、建前で仕事を進める場面が多いのは事実だ。本音を抑えて建前を口にすることは一種の演技だから、わたしたちは今も仕事上で演技に関する言葉を使うのではないだろうか。まさに「この世は舞台、すべての人は役者」である。

近年、こういった話は、若年層にこそよりリアルに響くのではないかと感じている。事例に「人あたりがいいさわやかキャラは、無理して作っている」とあるように、今の若い人たちは学生時代からひとつのグループの中でキャラ（居場所と表現した方が彼らの感覚に近いかもしれない）を持つことに敏感だ。おそらくこのBさんもその延長線上で、職場というグループの中でさわやかキャラを担当することにしたのだろう。

だからおそらく、仕事でも多かれ少なかれみんな演じているという説明は彼にも通じる。

ひと昔前ならば、社会人としての本音と建前について説明するところから始めなければならなかったが、キャラという考え方が一般的になった今では、この点について多くの言葉を費やす必要はないのかもしれない。

演じる苦労をねぎらう

ただ、このBさんは、「そういう演技がこれからもずっと続くとなると、ちょっと無理があるんじゃないか」とも思っている。無理して演じなくてはならないような仕事は、実は自分には向いていないのではないかと感じているわけだ。

そこで重要なのは、無理して演じている彼の苦労を評価してあげることだ。自分のエルダーに相談しなかったのは、おそらく「頭ごなしに否定されるのでは」と考えてのことだろう。だからここは肯定から入るべきだ。「それは毎日つらいよね」でも、「ずいぶん頑張っていたんだね」でもいい。まずは彼の努力を認め、評価する言葉をかけてあげたい。

相手の悩みの受容はケアの現場では日常的に行われていることだが、その姿勢はスタッフに対しても有効である。さて、その上でどういうべきか。

答はひとつではないが、たとえば「演じることができているということは向いているんだよ。本当に無理なら演じられないから」という言い方はあるかもしれない。仕事である以上演技は避けられない、でもあなたの演技はちゃんとした仕事になっているよ、ということだ。

「最初は無理していてもそのうち慣れて演技か本心かわからなくなるから」という言い方もあるが、こちらははぐらかしている印象を与えかねない。避けた方が無難だろう。慣れれば演技か本心か気にならなくなるというのは実は真理だが、受け流していると思われては元も子もない。

介護職は聖職か

ちなみに、よく似た言葉でわたしがかつていわれたのは「苦労して演じているからこそ、その対価としてギャラ（給与）がでている。その点は役者と同じ」である。これは当時心に響いたので今でもよく覚えている。歳を重ねるほどその通りだと思うし、時折、後輩へのアドバイスとして口にすることもあるくらいだ。

働く上で何らかの演技は必要である。だが、過度な演技は不要だと思う。もしあなたの部下や後輩が介護職は聖職という過剰な思い込みを持っているようならば、その呪縛はやさしく解きほぐしてあげてほしい。

確かに、介護サービスは人間の尊厳に関わる大切な仕事であり、高い倫理観も求められる。悪人にされては困る仕事だが、だからといって根っからの善人でなければ務まらないということはないはずだ。過ぎた特別視は物事の本質をみえにくくする。「ねばならない」という思いが強すぎては長続きしない。デキた人間もいるし、デキてない人間もいる。介護現場も、そんなごく普通の職場のひとつではないのか。

なぜわざわざこういう話をするのかといえば、この聖職観のようなものが、ある種のプレッシャーとなって一部の介護職を苦しめているように感じているからだ。責任感を超えた職業への過度な思い入れは、自己犠牲につながりやすい。それはやがて燃え尽き症候群に行き着いてしまうかもしれない。また、やりがいの搾取に利用されがちな点も気になる。

「ふり」から「なる」へ

「自分に向いていないのではないか」というのは、実は管理者たちからもよく聞かれる悩みだ。人間関係に行き詰まったり、業績が伸び悩んだり、そういう状況が続くと、必ずといっていいほど彼ら彼女らの口からこぼれる言葉である。

リーダーになるために生まれてきた人など、そう滅多にいるものではない。世の中の大半は、努力を重ねてリーダーになっている。リーダーはもともと「いる」ものではなく、あとあと「なる」ものだ。後天的に獲得するある種のスキルなのだから、ほとんどの人が当初向いていないのは当然だ。中には本当に向いていない人もいるが、初期段階で向いていないと決めつけるのは早計である。

本章の冒頭でも述べたように、リーダーを演じるのだ。最初から完成されたリーダーなどいないのだから、たとえば「自分が部下ならばこうあってほしい」と思う理想のリーダーの「ふり」をすることからでも始めればいい。

管理者になりたての頃は、ハリキリ過ぎて周囲と摩擦が生じたり、カラ回りしたりすることが多い。「なる」と気負いすぎるよりは、「ふり」から始めた方がいい。それくらいの気持ちで臨んだ方が、肩の力が抜けてうまくいくような気がする。

本当は器が小さくても、大きいふり。内心判断に迷っていても、確信を持って決断するふり。そのうち、嫌でも「壁」や「修羅場」に直面し、それを乗り越えて「ふり」から「なる」に変わる日が必ず訪れる。新人であれ、リーダーであれ、その日が来るまでは「ふり」でいい。仕事というのは、そうやって身につけるものだと思う。

3. 新人に居場所を与える

【事例】

今年度、会社として初めて、専門学校卒の新卒を採用した。当社の複数あるデイサービスの中で、自分が管理者を務める事業所に4月からCさんが配属されてきた。Cさんはおとなしく、まじめで、今のところ勤務態度は悪くない。導入はまずまず順調と思っていたのだが、Cさんを直接指導しているエルダーのKさんからは愚痴をきかされることが増えてきた。

Kさんいわく Cさんは「おとなしく、まじめ」ではなく、「覇気がなく、融通が利かない」のだという。とにかく元気がない、いわれたことしかできない、もっと自主性を持って臨機応変に現場対応してほしい、近頃の若い子は頼りない（Kさんもまだ20代なのだが）、とCさんの不出来を並べ立てる。

仕事は明るく楽しくが信条のKさんからすれば、Cさんのキャラクターは物足りなく感じるのだろう。「できないことを責めるより、できることを褒めてじっくり育てた方がいいよ」と諭すと、Kさんもわかっていないわけではないようだ。それでも実際の指導になるとついついきつい口調になってしまうようだ。どうやらKさんも初めてのエルダーに戸惑っているようだ。

頼れる新人など存在しない

毎年春になると、マスコミでは「〇〇型新人対処法」が花盛りになる。イマドキ新人の実態をあげつらって、その常識外れな言動や行動を嘆く記事が後を絶たない。中間管理職の一種のガス抜きになっているのはわかる。しかし、実際の新人育成となれば嘆いてばかりもいられない。

遥か昔、「バブル入社組」なるレッテルを貼られて世を拗ねていた元ダメ新人としていわせていただくと、新人にネガティブな先入観を持って接することは百害あって一利なしである。「おとなしく、まじめ」を「覇気がなく、融通が利かない」とわざわざ読み替えてとらえることに、意味があるとは思えない。

事例ではCさんの不出来が並んでいるが、これらはすべて、新人という存在そのものの特徴である。まだ仕事に自信がないから「元気がない」（ようにみえる）。「いわれたことしかできない」のは、仕事の全体像や流れをまだ把握していないのだから当然である。むしろCさんはいわれたことをできているのだから優秀な部類だ。もし、自主性を持って臨機応変に現場対応ができるのならば、もう新人ではないだろう。「近頃の若い子は頼りない」というが、今も昔も若者は頼りないのだ。若いのにしっかりしている、という物言いをたまに耳にするのは、裏返していえば、若者はしっかりしていないもの、という前提が世の中にあるからだ。頼れる新人など存在しないのである。

エルダーの戸惑いをフォローする

もうおわかりのように、この事例の課題はエルダー側にある。頼れる新人などいないのはわかっていながら、心のどこかでそれを期待してしまうKさんの戸惑いを、管理者が何とかしてあげるべきなのだ。

新人は大人だが、社会人としては子どもである。普通、子どもには独り立ちするまで保護者が必要で、会社ではエルダーがこれにあたる。当然のこととはいえ、この現実をそのまま受け止められないときがエルダーにだってある。それは、子どもという存在の無知と未熟を重々承知していても、いざ想定外の不条理な行動を目の当たりにすると冷静ではいられなくなるのと同じことだ。エルダーもまた、保護者としては子どもなのだ。

管理者としては、まず、エルダーであるKさんのこの気持ちに耳を傾けよう。新人が未熟であることを本人はわかっている。話をきいてもらうことで感情の整理ができれば、ある程度は落ち着く。ただし、1度話をきけばいいのかといえば、おそらくまたぶり返す。しばらくは継続的なフォローが必要になるだろう。

新人に「居場所」を与える

エルダーには、新人の未熟さを受け入れて冷静に指導できるタイプと、そうでないタイプがいる。煮詰まるタイプは必ず煮詰まるし、煮詰まらないタイプは何人指導しても煮詰まらない。向き不向きといってしまえばそれまでだが、その点のみきわめがいるのも事実だ。

ただ、「完全にエルダーに不向き」な人はともかく、「どちらかというと不向きかな」くらいの人にもエルダーをさせないのは、人材育成の観点からすればもったいない気がする。なかには、人を育てる難しさを経験して急成長する者もいるからだ。「新人が未熟なのは仕方ない」というある種の諦念の実感は、人間の成長、とりわけリーダーの成長にとって、まちがいなく貴重な体験になる。

新人に対してないものねだりをやめるだけでも、現場の育成は変わってくる。「未熟の肯定」を先輩たちの側から示すことで、新人たちは「自分は受け入れられている」と感じるだろう。それは、彼ら彼女らが、学生時代から、そして社会人となった今でも求めてやまない「居場所」の提示だからだ。

もちろん、転倒や誤嚥など様々なリスクが潜む介護現場には一定以上の厳しさが必要である。未熟では済まされないことだってある。ただ、未熟であることを認めてあげることは、「この職場に居場所がある」という安心感を醸し出す。「1人前にはなってほしいが、最初のうちは未熟でもいい」というメッセージは、不安でいっぱいになっている新人たちの心に強く響くに違いない。

新人の武器はゼロ

「新人の武器はゼロだ」という話をわたしはよく新人にする。

赤ちゃんは非力だが、その非力さは、大人たちを「保護してあげたい」「放っておけない」という気持ちにさせる。つまり非力という力がある。同じように、社会人としては赤ちゃん同然である新人にも既にこの力が備わっている。先輩たちは、何も知らない、何もできないあなたたちを放ってはおけない。ただしこの特典の有効期限は次の新人が入ってくるまでだ。有効期限内に、このゼロという武器を使い切って先輩たちからたくさん学ぼう。新人には武器がないのではなく、新人期間限定のゼロという武器がある。

と、まあこういう内容なのだが、長年、新人研修などでこの話をしていて印象に残るのは、新人たちのどこかほっとしたような表情なのである。彼ら彼女らは、内定段階から、もう学生気分では済まされませんよ、あれを覚えなさい、これを身につけなさいといわれ続け、入社直後には早くもいっぱいいっぱいなのだ。だから、ゼロで当たりまえなんだよといわれると、少しだけ気持ちが落ち着くのだろう。

はっきりいっておくと、これはただの甘やかしである。だが、決して人気取りなどではない。新人が先輩に甘えられない職場になど、未来はないと考えているからだ。非力な新人を許容し、手取り足取り教えていく度量がない職場は、やがて滅びる。

誰にでも、先輩たちに甘えながら仕事を覚えてきた時間があったはずだ。何をやってもうまくいかず、時にはとんでもない失敗をしでかしながら、学ばせてもらった期間があったはずである。今度はわたしたちがそれを与える番だ。

介護現場にそのような余裕がないことは百も承知の上で、それでもやはりそういう考えを、わたしたちは持つべきだと思う。ほんの一時期でもいいから、未熟でも居ていい場所を彼ら彼女らに与えるのだ。居場所があれば、人はそこに居続ける。それを人材定着と呼ぶのではないだろうか。

4. 成長計画書でコーチングする

【事例】

介護付有料老人ホームを複数展開するこの会社に勤めて丸10年になる。5年前に開設したこの施設では、立上げ時からフロアリーダーをしてきた。先日、経営トップ・施設長との面談があり、来春に現施設長が定年を迎えるにあたってぜひ次の施設長に、との打診があった。3人いるフロアリーダーの中から自分が選ばれた形だ。施設全体のマネジメントはいずれはやってみたいと思っていたので、とても有難い話だし、何より施設長が自分の仕事ぶりをずっとみていてくれたことが嬉しかった。

ただ、問題は後継者だ。フロアリーダーはサブリーダーのDさんに譲ることになるのだが、わたしからみるとどうも頼りない。サブになってからも依存心が抜けないところがあり、これは自立心を育てなければと考えて、ひそかにコーチングの本を読んで勉強し、いろいろなアプローチを自分なりに試してみた。ミラーリングやペーシングなどを意識して面談や声かけをしてみたのだが、なかなかうまくいかない。この1年間でDさんの自立心を高め、フロアリーダーに育て上げるには一体どうすればいいのだろうか。

コーチングがうまくいかない理由

自立心を育てる。これ以上の難問はない。部下の自立は人材育成のひとつの着地点といっても過言ではないだろう。そのためにコーチングを学ぼうとしたこのリーダーの考え方は正しいと思う。まちがいなく、コーチングは自立心を育むための有効なアプローチである。

ただ、コーチングを単なるテクニックとして捉えてしまうと、その結果は当然「なかなかうまくいかない」になるだろう。事例中に「ミラーリングやペーシングなどを意識して面談や声かけをしてみた」とある。確かに、相手への同調行動を意識的に行うミラーリングやペーシングは代表的なコーチングの手法だ。しかし、こういうテクニックを駆使することがコーチングのすべてなのかといえば、当然そうではない。

コーチングのテクニックとしての側面ももちろん大切だが、それ以上に介護職の皆さんにこそ意識してほしいと思うのは、コーチングとケアの類似性である。辞書でCoachingを引くと「自発的行動を促す」「自分で考えて行動する能力を引き出す」という意味が並んでいるが、これは介護の言葉で表現すれば「自立支援」ということだ。自ら学び、自ら考え、自ら行動できるように「介助」することがコーチングなのではないだろうか。だとしたら、自立支援のプロフェッショナルである介護職は、実はコーチングのことを世の中の誰よりもよく理解している、ということにならないか。

ケアとの類似性に着目する

コーチングでは、たとえば次のような考え方やアプローチが重要だとされる。「信頼関係の上に成り立つ」「まずクライアントの情報が必要である」「目標を設定し共有する」「個別対応が理想」「継続的に行われることで効果が高まる」「傾聴が有効」等々である。

これらはそのままケアにとっても重要な考え方やアプローチである。信頼関係の上に成り立つのはケアも同じであり、クライアント情報の収集から仕事がはじまるのも同じである。目標を設定しないケアプランやケアなどあり得ないし、個別対応が理想という点も似ている。継続的に行うことは、効果が高まる云々以前に、そうでなければやる意味がない。そして傾聴はケアの基本中の基本といってもいいだろう。

逆に、「アセスメント」や「モニタリング」といった介護用語でコーチングを語ることもできるはずだ。たとえば「行動変容」などはそのままコーチングにも当てはまる言葉なのではないだろうか。

介護職はコーチングにかなり近い思想と知識と技術を用いてケア業務を行っている。にもかかわらず、そのやり方が人材育成にはあまり活かされず、いまだに「背中をみて学べ」式の職人的な教育が行われているのは何とも皮肉な話だ。

「利用者に接するように部下にも接してみましょう」などというきれいごとをいっているのではない。当然、利用者と部下は違う。だが、利用者の自立を支援するために行っていることは、部下の自立を支援することにもきっと役立つ。

ケアプランのフォーマットをそのまま使う

それを実感してもらうために行っている管理者向け研修をご紹介しておきたい。

この研修は前後編で実施する。前編はコーチングとケアの類似性についての理解を深める講義で、最後に宿題をだす。その内容は「次回までに部下と面談を行って、その人の職場での『成長計画書』を作ってきて下さい。ただし、この計画書のフォーマットには、ケアプランの1表と2表をそのまま使って下さい」というものである。

後編はこの『成長計画書』の事例発表会となる。計画書の目標は、「ケアマネ試験に合格する」「イベントのリーダーを担当する」「基本的なマナーの習得」など、長期目標もあれば短期目標もあり、本当に様々だ。

後編での講師はファシリテーターに徹する。ただし、受講生の発表をきいていくだけの単調な研修にならないよう、「研修の核心に触れる事例」が発表されたらその都度流れを止め、他の受講生の意見をきいたり、キーワードを白板に書き出したりしてメリハリをつける。こうすることで重要なポイントの理解が深まる。

「研修の核心に触れる事例」とは、ひと言でいえば、既に身につけているケアの考え方や技術が、部下とのコミュニケーションをはじめ、彼らのモチベーション向上や自立心を育むことに役立つ、ということだ。

目標を共有し、小まめに声かけをすることで、関係改善のきっかけが生まれたという人もいれば、部下の内面にやる気の芽のようなものを感じたという人もいる。成長計画書の作成という具体的な行動を通じて、そういったことに気づいてもらうことがこの研修の目的なのである。

共同作成を通じて部下に関心を持つ

お陰様でこのプログラムは、多くの受講生の方々から「管理者として気が楽になった」「部下の育成に向き合う自信がついた」とのお声をいただいているのだが、ここで強調しておきたいのは、上司が部下に関心を示し続けることが、部下のモチベーションや自立心の源泉になる、ということだ。

成長計画書の共同作成は、実はそのひとつの仕掛けにすぎない。冒頭の事例に「施設長が自分の仕事ぶりをずっとみていてくれたことが嬉しかった」という言葉があるが、こういう気持ちを部下に持ってもらえることが何より大切なのだ。

「1．管理者という役柄を演じる」で、リーダーに望む姿勢のひとつとして「部下に関心を持つこと」をあげたが、この表現が下手なばかりに現場とギクシャクしてしまう管理者は案外多い。自分が十分示していると思い込んでいる関心は、現場には半分か3分の1しか伝わっていないくらいに思っておいた方がいいだろう。

日常的には、スタッフへの挨拶や声掛け、入居系ならばラウンドで各フロアに毎日顔をみせるだけでもいい。ちょっとしたお菓子や飲み物の差し入れ、メールやＬＩＮＥのフォローのひと言も、「目にみえる関心」のひとつのかたちである。

こういった小まめな気遣いが「小さな関心」なら、成長計画書のような目標の共有は「大きな関心」である。管理者が部下に関心を示すことができる貴重な機会として、ぜひとも積極的に活用することをお勧めしたい。

個人面談による目標設定とその後の進捗管理がベースとなる目標管理制度は、はっきりいって手間がかかる。会社の方針に従って義務的にこなしている管理者も少なからずいることだろう。だが、多忙をきわめる介護現場では、部下に関心を示す機会は実はそう多くない。せっかくのマネジメント手段をみすみす無駄にすることがないようにしたいものである。

師弟でも、上司と部下でも、その関係性を深めるのは、関心である。上司から部下への関心の眼差しが、学ぶことの励みになり、成長を促す。関心の力を知り、それを眼差しで示すことができるリーダーは、必ずコーチングがうまくなる。

第３章

人材を育てる

～教材化と教育のアイデア～

広い視野をもって人を育てる

すべては教材である。「我以外、皆我が師」的な精神論でいっているのではない。視点を変えれば、様々な人の営みの中に、多様な学びはみいだせるという意味である。

たとえば、会議やプレゼンテーションといったものは、あくまでも仕事上の手段であって、学びの機会としては意識されない。だが、その経験の中には、結論を導き出すためのセオリーや、説得力を形作るプロセスなど、多くの学びが詰まっている。その学びには、OJTとはまた異なる、もっと奥深いところで人の可能性を掘り起こすような教育的価値がある。総合職はこういった視点で若い頃から育成されていくことが多いのだが、専門職が大半を占める介護現場では、残念ながらあまり意識されていないのではないだろうか。

もちろん、専門職は専門分野で経験を重ね、腕を磨いていくことが基本だ。ただ、利用者に全人的に向き合っていくことが求められる介護職の学びは、もっと多様であっていいと思う。哲学や文学の中にも、歴史学や心理学の中にも、あるいは一般的なビジネススキルの中にも、ケアをより豊かにする知見をみつけることができる。真の意味で「総合職」であるべきなのは、むしろ介護職の方なのではないだろうか。

本章では、あらゆるものから学ぶという視点で人材育成を考えていく。まず前半では、

「伝わる伝え方」というテーマで、「経験」「プレゼン」「講師」という角度から、また「社内留学」「映画」という切り口から、多様な事柄を教材化していく手法を取り上げる。そのポイントは、「抽出」と「促し」である。指導者がひとつの事柄から汎用性のある仕組みや手順を抽出し、そこに学びを見いだすようにスタッフに促すことで、もっと広い範囲に教材を求めることは可能になる。

後半では、ともすればマンネリに陥りがちな社内教育を活性化するための10のアイデアを列挙しているが、ここでも介護職対象の研修ではおよそ題材にされることがない「アンケート」や「会議」といったやや異質な切り口を取り上げている。研修運営の手法にもまた、従来の考え方にとらわれない広い視野が欠かせないと考えるからだ。すべてわたし自身が講師として実践してきた内容ばかりである。秘伝のタレというほどのものではないので、よろしければぜひお試しいただきたい。

教育を活性化するアイデアと事業所運営との間には、「人を自発的に動かす」という類似性がある。計画立案↓進捗確認↓軌道修正↓成果評価という管理手法は、マネジメントにも、人材育成にも、活用できるのである。

第1節　すべては教材である

1．自分の経験から職業倫理を語る
～経験の教材化（伝わる伝え方Ⅰ）～

「研修で職業倫理について教えて下さい」といわれれば誰だって怯む。まず自分は倫理を語れるような人間なのかと自問するだろう。そのうえで、「語れます」と即答できるのは、自他ともに認めるよほどできた人か、よほど鈍感な人のどちらかにちがいない。

モラルについて教えることは、教える人の普段のモラルが問われることに等しい。歴戦のリーダーであっても、「あなたにそれをいう資格があるの？」という声がどこかからきこえてきそうな気がして、躊躇するのがふつうである。

しかしながら、介護職にとって、倫理というテーマは決して避けて通れない題材だ。利用者への虐待問題がクローズアップされている昨今の状況下ではなおさらである。従来から不可欠な研修なのだが、その重要性と必要性は増すばかりだ。たとえ「わたしも人にいえるほどではないのですが」という言い訳付きであっても、誰かが教えなければならない。

【抽出】経験談で職業倫理を語る

正面きって「職業倫理を語れ」といわれると怖気づくかもしれないが、介護職としての歩むべき道を語ることならできるだろう。あなたがこれまで歩んできた道を題材にして教えればいいのだ。「自律・自己決定の尊重」あるいは「公平にサービスを提供することの重要性」といったテーマについて、あなたなりの経験談を語ることができれば、それは職業倫理の講義となりうる。

しかしながら、この経験談というものには注意が必要である。ほとんどの人が、体験したことをそのまま時系列で語るのだが、よほどの話術がない限り、それだけでは期待したような効果は得られないことが多い。

経験談にはリアリティと説得力がある。だが、それは本来的に伝わりづらいと思っておいた方がいい。感動も、後悔も、あなたが感じたようには伝わらないのだ。

ただ、伝わりやすくする方法はある。最も簡単なのは、話す前にその経験談に自分でタイトルをつけることである。しかもそのタイトルは、ことわざや名言、キャッチコピーなどをイメージして、できるだけ汎用性のあるワンフレーズにするのがコツだ。その経験談を通じていちばん伝えたいことを、短い言葉に凝縮するのである。むかし国語のテストで、

「この文章に題名をつけなさい」というのがあったと思う。あれと同じことを自分の経験談で行うのだ。

介護職が関わる3つの「生」

たとえばこんな感じだ。

タイトル：『3つの「生」に関わる仕事』

内容：自分は他のサービス業の経験があるので比較して思うのだが、介護職ほど、重要で多様な事柄を委ねられている仕事はない。介護職は、この委ねられている重みをしっかり噛みしめて働かなければならない。

介護という仕事は、利用者の生命・生活・人生という3つの「生」に関わっている。常に誤嚥がありうる食事介助や、転倒の危険が伴う歩行介助など、身体介護は、ある意味、「生命」を委ねられている。

調理・洗濯・掃除などの生活援助は文字通り「生活」を支えている。

職歴や病歴、家族関係、趣味・嗜好、自宅の間取りに至るまで、普通のサービス業では知りえない個人情報まで知った上で仕事をしている介護職は、利用者の「人生」にも関わっている。

ここまで顧客から信頼され、様々なものを託されている仕事は他にはないだろう。だから介護職は、他のどのようなサービスよりも高い職業倫理が求められるのだと思う。この信頼を裏切ってはいけない。

これが、自分の考える介護職の職業倫理だ。

【促し】タイトルという「軸」を用意する

多くの介護事業所のリーダーたちと関わってきた中で、彼ら彼女らは、利用者から信頼されていることへの誇りや喜びや重圧を繰り返し語っていた。それらを、「3つの生」という切り口でまとめてみた。

介護職が職業倫理について語る時、10人が10通りのことを口にするわけではない。かなりの割合の人が、表現は異なるがこれと似たようなことを話す。それはおそらく、「委ねられている重み」が、介護という仕事のひとつの本質だからだろう。

その重みについて思うところを、かたまりのまま語っても、もちろん構わない。だが、研修の場で教材にするときは、例のような「タイトル」をあらかじめつけておくと、より伝わりやすくなる。

たとえば、例にあげた「3つの生」について話していく場合、おそらく3要素それぞれについてエピソードを盛り込んでいくことになる。その際によく起こるのが、エピソードの膨らませ過ぎや脱線である。だが、「3つの生」という軸があれば、たとえそうなったとしても、本筋に戻ってくることができる。ソツなくまとまった話などつまらない。その経験の中で感じた喜怒哀楽をなんとか伝えようとするあまり、各エピソードの時間配分が不均等になったり、感情過多な言葉づかいになってしまったり、そういった多少の乱調があってこその経験談である。その味わいは残しつつ、講義を破綻させない保険もかけておくのだ。

自分を上から見ている存在

わたしがこの業界に入って最初に担当したのは、ホームヘルパー2級養成講座の教室運営責任者だった。人づてに多くの優秀な講師の方々と出会い、お力をお借りしてきた。カリキュラムの中には職業倫理もあり、その講義をお願いしていたのは、措置時代から介護に携わってこられた大ベテランばかりだった。

彼ら彼女らが教えていた職業倫理の講義でとりわけ印象に残っているのは、「上位の存在」とでもいうべきものへの言及であった。「自分をみているもうひとりの自分」「ずっと介護職を見守っている介護の神様」など、その表現は様々だったが、「自分の行いはすべて上位の存在からみられていると思って仕事をしなさい」という主旨は共通していた。その後自分が介護事業所のマネジメントをしていく中でも、何人かの管理者が似たようなことを口にしていたのを覚えている。

「上位の存在」といっても宗教的な含みは皆無で、そういうものを自分の中に設定して自らを律する、という意味合いが強かったように思う。介護職の中には職人的資質を持つ者も少なくないが、一般的に職人は自分で定めたルールをかたくなに守り続けようとする心性を持っている。彼ら彼女らが語る「上位の存在」とは、この禁欲的心構えのことなのだろう。あえて「自分で自分を律する」とはいわず、「自分の中に自分よりも上の存在を置いて律する」と表現する。ユニークでとてもいい「タイトル」だと思う。

2. プレゼンで個別指導する
～プレゼンの教材化（伝わる伝え方Ⅱ）～

広義のプレゼンテーションという行為には、学びの要素が数多く詰まっている。どの題材を選ぶか。それを制限時間内にどのように構成するのか。図表や写真も含めてどう表現するのか。そういったプレゼン内容を練り上げていくプロセス自体に、濃密な教育的価値がある。単なる準備としてとらえてしまうのはあまりにももったいない。またとない研修のチャンスだと考えたい。

だから、もし自社のスタッフにそのような機会が巡ってきたならば、管理者は準備の最初の段階から積極的に関わるべきである。そしてその際には、プレゼンに臨む部下をフォローする視点だけでなく、是非、トレーナーとしての視点も持ってみてほしい。プレゼンを構築していく過程を、ひとつの研修に見立てるのである。

地域事業者連絡会の研修講師を引き受けるなどして、あえてそういう機会を作ってみるのもいいだろう。社内で小さな事例発表会を企画する、定例研修の講師を任せる、という手もある。もうワンランク成長してほしいスタッフに人前に立つ場を用意し、そこへ向けた準備段階を一種の個別指導として活用するのである。

【抽出】最初の壁は制限時間

仮に、業界団体が主催する事例発表会に、部下のEさんが自分の担当したケースを応募してみたところ、それが見事、発表事例に選ばれたとしよう。発表時間は10分。パワーポイントは表紙を除いて5枚まで。管理者であるあなたは、現時点ではA4用紙2枚に書かれてあるだけのこの事例を、これからEさんと一緒にパワーポイント化し、それに基づいて発表の練習をして、ひとつのプレゼンに仕上げなければならない。

まず、多くの場合、A4用紙2枚の事例は、そのままでは10分間で説明できない。15分～20分かかることが普通だ。また、A4用紙2枚分の内容をパワーポイント5枚に収めることも至難の業だ。これが2人で乗り越える最初の壁である。スライド1枚につき平均説明時間2分を目安に、内容を絞り込んでいくことになる。事例発表のような主張や思いが詰まった内容というのは、ある部分だけを単純に削って短くすることは難しい。あくまでも絞り込んで凝縮しなければならないのだ。

ある程度までまとまったら、Eさんに発表の予行演習をしてもらう。あなたはスマホのストップウォッチ機能を使って、各々のスライドの説明にかかった時間を秒単位で記録していく。ほとんどの場合時間オーバーになるので、あくまでもEさんの意見を尊重しながらさらに絞り込んでいく。

この10分間に収めるプロセスで一番重要なのは、バランスのいい時間配分にすることである。導入部分に時間をかけすぎて一番重要な結論部分が駆け足になってしまう発表を時々みかける。アガってしまったのかもしれないが、もったいない話だ。時間配分の大切さは練習段階から強く意識しておきたい。

ちなみにわたしは、受講生に5分間研修を披露してもらう教育プログラムを行う際にストップウォッチをよく使ってきたが、受講生の反応は概ね不評から始まる。「大袈裟な」という顔をされるし、神経質で面倒くさい講師だと思われるようだ。あなたもそうなる可能性は高い。でも耐えてほしい。最後には、ここまでやる意味をきっとわかってくれる。いいたいことを凝縮していく作業というものは非常に勉強になるのだ。

【促し】「どう伝えるか」も大切

まだ1~2分オーバーしているのに、発表者が「もう削れるところはありません」と音をあげることは少なからずある。だが、時間内に収めることを諦めてはいけない。むしろトレーナーならば、ここから先のプロセスにこそ学びがあることを意識するべきだ。

発表者は、自分が限界だと思ったところからさらに内容を絞り込んでいく中で、「どうしても削れないこと」をみつけていく。時間制限という負荷によって、その事例の最も重要な本質について突き詰めて考えざるをえなくなるのだ。

また、主観的体験を的確に他人に伝えるためには、客観的報告にあつらえ直す必要があることについても学ぶだろう。当事者の感動や、これは広く知ってもらうに値するという熱い思いは、わかりやすく整理され、表現のフィルターを通してこそ、はじめて他人にうまく伝わる。

しかしながら、自分が実際に体験し知り尽くしている事柄を、あえて未体験の立場から未知のものとして客観的に捉え直すことは、そう簡単ではない。時間制限の中で事例の内容に優先順位をつけていく手順や、表現方法に工夫を加えることは、その手助けとなる。凝縮とあつらえ直しという作業が、事例に客観性を与えてくれるのだ。

どう伝えるのかは、何を伝えるのかと同じくらい大切だ。だが伝える側は、「何を」の重要性や価値が高いと思えば思うほど、どう伝えようが伝わるだろうと考えがちである。

その姿はまるで「良いものは黙っていても売れる」と信じて疑わない頑固な職人のようだ。良いものはその良さが伝わるからこそ売れるのだと思う。「良いもの」も、「その良さを伝えること」も、どちらも大事なのだ。

こういった思考プロセスの訓練は、介護職の仕事にかなり役立つだろう。複雑な事柄を整理し、本質を明らかにしていくという行為は、アセスメントや計画書の作成、カンファレンスでの発言、利用者や家族への説明、スタッフへの申し送りなど、業務上の様々な場面で必要になる。

「言葉の表情」で強弱をつける

発表が5枚で10分に収まると、今度は語りが平坦になって強弱がなくなってくる。これが次の壁である。

一度でも事例発表を経験した方はお分かりだと思うが、短時間発表の場合、10秒程度のアドリブや、少し盛り込んだいいまわしすら全体の時間配分をくるわせる。決めた通りに話さないと、時間内にはなかなか収まらないものだ。

ただ、これを意識しすぎると、多くの人は棒読みになってしまう。いくら制限時間内に話せたとしても、これでは本末転倒である。「言葉の表情」を意識し、一旦削ぎ落としてしまったエモーションを取り戻す必要がある。

「言葉の表情」には、「大小」「緩急」そして「間」がある。基本的には、強調したい部分は大きな声で、ゆっくりと、また発語の直前もしくは直後に間を置くといい。ただこの3要素をすべて使いこなすのは、実は非常に難しい。あまり細かく意識しすぎるのは逆効果である。

10分間の事例発表であれば、数カ所程度「ここはきいてほしい」と思う部分を強調するだけでもメリハリはつく。この強調するべき部分は既にみつかっているはずだ。事例を絞り込んでいくプロセスで発表者自身がみつけた「どうしても削れないこと」がそれなのである。

振り返って変化を確認する

ここまでくれば、プレゼンに臨む部下をフォローするという管理者の仕事は一旦終了になるが、トレーナーとしてはもうひとつやるべき仕事が残っている。それは、この予行演習の振り返りである。

まず、短時間でいいので、Eさんに、プレゼンを組み立てていく中で気づいた点をいってもらう。その言葉は、あなたが指導したポイントそのままの受け売りかもしれないが、それでも構わない。その言葉を覚えてくれているだけでも有難いことだ。

これを踏まえて、あなたの方から、A４用紙２枚の事例がひとつのプレゼンの形になっていった、これまでのプロセスを簡潔に振り返る。凝縮と表現の工夫が加わったことで事例自体がどのように変化し、またEさんの話し方がどのように変化したのかを一緒に確認していく。この変化こそが、彼の成長であり、この予行演習の教育的成果である。Eさんがそれを実感することが重要だ。成長を実感してくれたら、ストップウォッチまで使った意味も、きっとわかってくれるはずである。

3. 教えることは最高の教材である
～講義の教材化（伝わる伝え方Ⅲ）～

あらゆる物事は教材になりうるが、中でも最高の教材は教えることである。

まず、他人に教えるには、教えるに足るものを学ばなければならない。次にそれを伝える何らかの資料を作らなければならない。そしてそれを使ってわかりやすい言葉で解説できなければならない。自分で学び、自分で資料を作り、自分の言葉で解説する。このプロセスの中に含まれる教育的価値は、非常に大きい。

講師をしていていつも思うのは、いちばん大きな果実を手にしているのは常に自分だということである。皮肉な話だが、受講料を払っている者よりも、講師料を貰っている者の方が、教えるという行為とその準備を通じて、誰よりも深い学びをえている。

講師をするという行為自体をひとつの学習機会として捉え直すことで、新たな学びを作り出すことは可能だ。とりわけ、教育に欠かせない能力である「伝える力」を磨くことは、様々なコミュニケーションが仕事のベースとなっている介護職にとって大いに役立つはずである。「1．経験の教材化」「2．プレゼンの教材化」と、「伝わる伝え方」についてみてきたわけだが、本項はその総まとめとなる。

【抽出】伝える力には汎用性がある

介護職は、とにかく伝えることが多い仕事である。在宅・入居いずれにしても、利用者の生活を24時間・３６５日、家族との協働も含めてリレー形式で支えているので、常に情報のバトンを受け、渡すことが仕事の基本となっている。利用者の日々の状態については当然のことながら、ケア計画やサービス手順など多岐にわたる事柄に関して、日常業務の中で逐一最新の情報を共有しながら仕事をしている。

また、利用者とも非常によく話す。これほどまでにお客様と直接対話しながら行う仕事もそう多くはないだろう。加えて、利用者家族に対しても、必要に応じてケアに関する様々な説明をする。これらの業務のなかでは無数の伝達が行われている。

利用者のペースに合わせて業務を行うことが前提となっているケアの仕事は、どうしても予定通りにいかないことが多い。だから忙しい。その上にこれだけの伝達があり、しかも伝えまちがいが少なからず発生する。だからさらに忙しくなる。もしこれらの伝達の精度があがるならば、それは多様かつ多大な波及効果を生むはずだ。仮に、スタッフひとり一人の物事の伝え方が少しだけでも上手くなり、相手のききまちがいや誤解が減るだけでも、事業所全体でみれば大きな業務改善が図られることになるだろう。

【促し】「講義」を宿題にする3つのねらい

この研修は、前章で紹介した「成長計画書」と同様に、前後編のサンドイッチ型で行う。前編は基本ノウハウのレクチャー、後編はそのノウハウを使って1人5分間のミニ講義をみんなの前で披露してもらう。2回の研修の間に、ミニ講義の内容を考えるという宿題が挟まっているのだ。従って、前編と後編の間には数日から数週間の期間を置くのが理想である。1回完結で行う場合は、前半と後半の間に60分程度、受講生が自分の講義内容を組み立てる時間を設けてもいい。

この宿題は、スピーチではなく、あくまでも講義としている点がポイントだ。そのねらいは3つある。

まず、何を題材にしても構わないとはいえ、講義である以上、話す内容は他人に教えるに足る何らかの価値がなければいけない。受講生は、当日きき手となる他の介護職にとって役立つ情報を、自分の仕事の中に探すことになる。知をみつける人もいる。無知を知る人もいる。いずれにしても自分の仕事をみつめ直すいい機会になる。

次に、5分という時間で講義を行う難しさを体験できる。大勢の前で話したことがない人にとってはとても長い時間だ。その長い時間に見合う題材はそう簡単にはみつからない。逆に、人前で話し慣れている人にとっては、とても短い時間だ。わずかな時間の中に講義内容を収めることもまた、容易ではない。よほど講師慣れしている人を除いて、誰もが、それなりの時間をかけて5分間の講義構成を考えることになる。

最後に、内容が決まり、5分に収まる原稿ができても、いきなりその通りに話せる人は稀だ。時間を計って、練習を重ねて、それでもなお、講義というものは思い通りにいかないものである。また、仮に練習で完璧に仕上げたとしても、本番でアガってしまってうまく話せないことだってある。仕事上で無数の伝達は行うが、改まってプレゼンテーションまでする機会が少ない介護職にとって、このプロセスは貴重な経験になるだろう。

「導入・展開・まとめ」というフォーマット

着地点を見据えた題材選択の大切さ。時間配分を意識した構成の必要性。そして、練習は必須だがそれでもなおコントロールが難しい本番というものの手強さ。前編では以上の

3点について話した上で、「導入・展開・まとめ」という最もオーソドックスな講義構成の方法についてレクチャーを行う。

導入：「何について話すのか」と「ポイント（できれば3つ）」を最初にいう。

展開：各ポイントについて順に話す。

まとめ：「何について話したのか」と「ポイント」を繰り返す。

この方法は非常にシンプルだが、3段階のフォーマットに沿って伝える内容をあてはめていくだけで、講義内容がすっきりと整理される。話す側があらかじめ整理できている話はききやすく、整理されていない話はききにくい。ただそれだけのことなのだが、ここさえ押さえておけば、及第点の講義は成立するのだ。「導入・展開・まとめ」は、それを効率よく行うための3つに分割された便利な整理箱なのである。

生まれつき話が下手な人は少ない。自分は下手だと思い込んでいる人の大半は、話し方が下手なだけだ。話し方は単なる技術である。覚えて繰り返せばほとんどの人は上達する。それ以上うまくなるのかは別として、業務上問題のないレベルの伝達を身につけることは、それほど難しいことではない。

「何を伝えるか」も「どう伝えるか」も大切

後編は1人ずつ前にでて5分ずつミニ講義をやってもらうわけだが、それぞれについて「導入・展開・まとめ」という3ステップに照らしてどうだったのか、講師はその場で分析してコメントする。

表現上の工夫などがあれば褒めることは差し支えないが、巧拙をみることが主旨ではないので、基本的には各々の講義が3ステップに収まっているか否かだけを指摘していけばいい。白板に3つの枠を描き、そこにいま聴いた発表内容をあてはめてみせるとわかりやすいだろう。事前に3つの枠で区切ったメモを講師の手元に用意し、発表をききながら枠ごとにポイントを記しておけば、スムーズに板書ができる。分析は、時間が許すならば全員に対して行ってもいいし、特徴的な発表をした数名だけを選んでもいい。

異なる内容のミニ講義を繰り返しききながら、その都度この3ステップのフォーマットに照らしていくと、「導入・展開・まとめ」という流れに収まっている講義はききやすく、そうでない講義はききにくいことがわかってくる。繰り返しになるが、やはり「何について話すか」も大切だが、「どう話すか」も同じくらい大切なのだ。

伝える力は、最終的には「誰が」「何を」「どう話すか」で変わってくる。「誰が」はオーソライズ（権威があるか）に関わってくるので難しいところもあるが、「何を」と「どう話すか」は努力で磨くことができるのである。この点が受講生に伝われば、この研修は成功だ。

4. 社内留学という体験学習～社内留学の教材化～

留学という視点で研修を考えてみたい。留学ときくと海外留学を思い浮かべる人が多いと思うが、そのような人生の一大決心が必要なものについてここで語りたいわけではない。一定期間、別の場所に留まって学ぶことすべてを留学ととらえて、その方法や効果について一緒に考えてみたいのだ。

もちろん、ほんとうの留学ができれば、それはそれで大きな学びがえられるだろう。この国の社会福祉や介護の黎明期に、業界の諸先輩方が海外の福祉先進国を訪れ、そこである種の衝撃を受けたという話は、誰もが一度ならず耳にしたことがあるだろう。その強烈な体験がきっかけとなって、その後、この国に尊厳の重視と自立支援を実践する介護事業者が徐々に増えていったことは、みなさんご存知の通りである。

ここで本質的に重要なのは、海外を訪れたことではない。未知の世界での体験を通じて衝撃を受けた、という点がポイントである。衝撃は新しい行動を生み出す原動力となる。心が動けば体が動く。たとえ衝撃でなくとも、何らかの刺激を受けるレベルのものならば、国内にもみつけることはできる。そういった新しい学びの場をスタッフに与えることも、管理者にしかできない、大切な役割のひとつである。

【抽出】1か月間、別の事業所に身を置く

わたしはこれまで、幸いなことに社外の方々と接する機会が多かった。研修会の運営スタッフとして、あるいは研究事業の委員の一人として、介護事業の方向性や各サービスの課題について踏み込んだ議論ができることは、ほんとうに勉強になっている。

しかし、ひとたび介護現場に目を移すと、自事業所以外の人と話すチャンスは案外少ないのではないだろうか。サービス担当者会議なども含めて、利用者を中心に置いて意見を交わすことは多々あるが、訪問介護でのシフト組みや、デイサービスでの昼食時の配膳、入浴介助の段取りなど、社内的な仕事のやり方について、情報交換することなどはほとんどない。介護現場はどうしても学びの場が限定的になりがちだ。職場以外から学ぶ機会というものは、意識的に枠組みや仕掛けをつくらなければ得ることは難しい。

そこで留学なのである。たとえば、もし自法人に複数事業所があるならば、スタッフ同士を一時的に交換留学するのだ。できれば1か月。たとえ1週間でもいい。もちろん人員基準に注意は必要だが、ある一定期間、別の職場に身を置いて働く体験は、間違いなく貴

重な学習機会となる。訪問介護ではハードルが高いかもしれないが、通所介護や入居系サービスなら不可能ではないはずだ。

見学と留学のちがい

見学と留学の差は、「一見（いちげん）で学ぶ」と「留まって学ぶ」の差である。

先進的な取組みを行っている事業所に見学に行った、という経験をした人は少なからずいることだろう。だが、よく思いだしてみてほしい。その見学からえた学びは、自事業所に帰ってから、あなたの職場を何かしら変えることにつながっただろうか。「素晴らしい事業所をみた」だけで終わってしまったのではないだろうか。見学に意味がないとか、悪いといっているのではない。見学には限界があるということなのだ。

見学というものは、どうしても部分的な内容にならざるをえない。ある一定の時間しかみることができないし、表面的な事柄をなぞることはできても、そのメカニズムやバックヤード、事前準備の中身など、細部まで確かめることはできない。持ち帰って活かすためには、実はそこのところがいちばん知りたいわけなのだが、結局その点はわからずじまいに終わることが多い。

留学であれば、その事業所の業務の流れをフルタイムでみることができる。また、バックヤードの動きや事前準備の内容を確認することも可能だ。さらに、その人はその事業所の働き手のひとりとなっているので、見学のようにずっとみているだけ、ということにはならない。慣れないなりに業務の一部を担うことで、実践を通じた学びが生まれる。

【促し】アナザーにも価値がある

実際にこれを経験した介護職に話をきいてみると、同じサービス形態であっても、その手法には細かい部分で微妙な違いがあるそうだ。それを現場に直接入って知ることは、かなり刺激的な体験であり、少なからず発見もあるのだという。同じ会社内であっても、事業所が違えば、配膳にせよ、リネン関係の扱いにせよ、送迎ルートの組み方にせよ、その手順や工夫がまったく同じということはないらしい。

とりわけ強く印象に残っているのは、多くの者が、その異なるやり方に触れたことについて「優れた手法でなくとも、それはそれでいい勉強になった」と答えていた点である。自分たちの事業所とは違うやり方を知ることができただけでも、充分な学びの価値があったと、彼ら彼女らは感じていたのだ。

他者からの学びについて考えるとき、わたしたちは優れたノウハウを取り入れることを重視する。「ベター」(比較的良いもの)を選んで自分のものにしようとする。その姿勢はまちがってはいないが、劣ったところに優れたものを移植してくることだけが他者からの学びなのかといえば、必ずしもそうではないだろう。

「アナザー」(比較して違うもの)を知ることも、大切な学びのひとつである。見聞を広めるとはよくいったもので、違う視点や手法に触れることは、より深い学びにつながる。「それはそれでいい勉強になった」と感じた彼ら彼女らは、元からそういう感性を持ち合わせていて、別の切り口に触れる価値に気づいていたのだろう。

多職種連携は別々の価値観のせめぎ合い

自分たちの手法と、それとは異なる手法を比較して、課題の捉え方や発想の切り口の違いについて考える。それは、同じ頂上を目指す登山ルートが複数あるように、ひとつの物事に対する多様なアプローチの存在を知ることでもある。

長年同じ業務に携わっていると、どうしてもベストやベターにばかり意識がいきがちになるが、わたしたちはそればかりで仕事をしているわけではない。むしろ介護現場にはアナザーが必要とされることの方が多いかもしれない。多職種連携などは、ひとつのテーマに対する別々の価値観のせめぎ合いそのものである。そのせめぎ合いを単なる意見の対立に終わらせず、ケアの質の向上に活かしていくことが、いま求められている。また、こういった従来とは異なる風を職場に吹き込むことが、保守的な風土を少しずつでも変えていくことにつながる。

もし、他社の事業所への留学が可能ならば、それはさらにアナザーな体験になることだろう。同じ営業地域内では難しいかもしれないが、トップ同士が親交のある県外の事業所にその場を求める、という手もある。会社が違えば、理念から運営方法まで細部は何もかも違うのがふつうだ。まったく異なる企業文化に直接触れることは、その人を成長させる新鮮で得難い学びとなるに違いない。手間はかかるかもしれないが、人材育成の新たな切り口として提案したい。

5. 映画を通じて持論を示す～映画の教材化～

同じような研修ばかりになってくる。現場の研修担当者がよく口にする悩みのひとつだ。確かに、情報公表制度に定められた認知症やプライバシー保護に関する研修などは、毎年1回以上実施しなければならないので、同じテーマの研修が繰り返されることになる。また、法令上の定めとは関係なく、多くの事業所がスタッフのレベルアップにつながる研修も行っていると思うが、これも回を重ねると似たような内容になりがちだ。

おそらく、教えるべきテーマはそれほど多くはない。制度改正、介護倫理、リスクマネジメント、接遇やコミュニケーション、認知症ケア、ターミナルケア、感染症対策や身体介護技術など、必要かつ繰り返し取り上げなければならないテーマは限られている。求められているのは、そのテーマを語るための、これまでとは少し違う切り口である。「同じテーマだが、同じではない研修」をどうやってつくり続けていくのか。なかなかの難題だが、研修担当である以上、避けて通れない課題だ。

【抽出】映画鑑賞を宿題にしてみる

本研修も、できればサンドイッチ型がいい。「講義の教材化」ではミニ講義を考えてくることが宿題だったが、この研修ではＤＶＤを観てくることが宿題になる。

ここでは、『英国王のスピーチ』（２０１０年）の鑑賞を宿題にした、コーチング研修の実例を紹介する。この映画は、アカデミー賞受賞作品であることから比較的多くの人に知られており、またレンタルやストリーミングでも手軽に鑑賞しやすいのでお勧めしたい。

まず、前編の研修ではコーチングの具体的な手法を解説する。「信頼関係が基本」「クライアントの情報が必要」「目標設定が重要」といった一般的にいわれているコーチとして気をつけるべき点をいくつかあげて説明していく。

その上で、これらの項目が介護職として気をつけるべき点と非常に似ていることを指摘し、「ケア（自立支援）≒コーチング」という仮説を提示する。もちろん介護と教育はまったくの別物であるが、研修上の仕掛けとして、ある角度からみた類似点のみを抽出して示す。そして最後に、「この仮説を頭に置きながら『英国王のスピーチ』を観てきて下さい」という宿題をだす。ここまでが前編である。

【促し】ノウハウと事例（シーン）を照合する

この作品は、幼少期からの吃音に悩むイギリス国王・ジョージ6世（コリン・ファース）が、言語療法士・ローグ（ジェフリー・ラッシュ）とともに、多くの困難を乗り越えて吃音を克服し、大舞台でのスピーチを成功させるまでを描いている。

吃音を治すために、ローグは国王に対して様々な働きかけを行う。その巧みな質問や傾聴、徹底して自律性を尊重するふるまい、信頼関係を構築していくプロセスは、コーチングそのものである。また、そこにケアとの類似性をみることもできる。裏返していえば、映画でよく描かれる「課題を抱えた人間に支援者が寄り添ってともに課題解決していく過程」が、コーチング的であり、ケア的なのだ。この映画ではそれが非常にわかりやすく表現されている。

後編の研修は、受講生の感想をきくことから始める。前編の最後でコーチングとケアとの類似点を探しながら観るように促しているので、多くの人はそういった視点からみて印象に残ったシーンを例にあげる。自分の部下や利用者との関係で似たような出来事があったと語る者もいる。

一方で「介護と教育は別物」という意見も必ずでる。その受講生にはピンとこなかった、ということなのだが、それは当然といえば当然である。私見が全員に共感されることなどまずありえない。ただ、研修に使う以上、講師としてはできるだけ共感をえられそうな切り口を、あらかじめたくさん用意しておくことが必要なのだと思う。

こういった声を踏まえて、前編で取り上げたいくつかのコーチングの手法が、それぞれどのシーンに該当すると思われたか、セリフも引用しながらひとつひとつ解説していく。まとめとしてノウハウと事例（シーン）との照合を行うわけだ。時折「現場でもこれとよく似た場面がありませんか」「こういう気の利いたセリフがいえたらいいですよね」といったコメントを加えつつ、架空の物語を現実の仕事に引き寄せることも忘れないようにする。

映画を観ることは人生経験である

優れた映画を観ることは、ひとつの人生経験である。必ずしも名画である必要はない。あなたの心を震わせた映画は、まぎれもなく、人生の貴重な体験なのだ。あなたの体験が介在することで、１本の映画の見方が変わり、１つの教材に変わる。ここに、「同じテーマだが、同じではない研修」を作るヒントがあると思う。

映画鑑賞が体験であるのならば、サンドイッチ型研修の宿題として受講生に追体験してもらう価値はある。ただし、この研修の枠組みでは、前編の研修では何らかのノウハウを教えるわけだから、逆にその映画から、たとえばコーチングのような普遍的な理論や法則を抽出してこなければならない。単に「好き」だとか「泣けた」ではダメなのだ。その「好き」や「泣けた」の理由を探り、そこから汎用性のあるものの考え方や手順を抽出して説明できなければならない。つまり、物事を概念化する能力が必要になってくるわけだが、もしそれを身につけることができれば、同じテーマの研修を異なる切り口で表現するバリエーションは格段に広がることだろう。

あなたの持論が研修を変える

そういう視点から考えると、職業を題材にしたものは比較的この説明がしやすいかもしれない。たとえば映画なら、古いものでは『赤ひげ（医者）』や『パッチ・アダムス（ホスピタルクラウン）』、近年では『おくりびと（納棺師）』や『舟を編む（辞書編集者）』などがある。高齢者の再就職を描いた作品として『マイ・インターン』も是非お勧めしておきたい。

ケアのあり方を教えるのだから介護を題材にした映画、人材育成がテーマだから人を育てる映画、と狭く考えないほうがいい。ひとつの職業の中にある倫理観や困難の乗り越え方、人との関わり方には、他の職業にも通底する学びが必ずある。それを作品から読み取り、言葉にして示すことができれば、一見無関係にみえる種類の映画であっても、価値のある教材になりうる。極論すれば、映画に限らず、あらゆるものの中に教材になる可能性は眠っているということだ。

あなたにも持論があるはずだ。職業倫理にも、接遇やコミュニケーションにも、認知症ケアにも、「こうありたい」という自分の考えがあると思う。映画の中に、あなたのその「こうありたい」に通じる何かを感じたら、何とかしてそれを他人に伝える努力をするべきだ。そうすることで研修にあなたの血が通い、たとえ毎年同じテーマを繰り返していたとしても、あなたにしかできない、これまでとは違う内容の研修が生まれる。映画はひとつの仕掛けに過ぎない。あなたの「こうありたい」という思いが、世の中の様々な事柄を教材化し、研修を変えていくのだ。

第2節　教育を変える切り口

1．シンプルな言葉の組み合わせで褒めて育てる

　事例発表会などの講評で留意すべきことは様々あるが、決して外せないのは適切な評価をした上で褒めることだ。発表者やその事業所のスタッフは、自分たちの仕事がどう評価されるのかききたくて会場に足を運んでいるといっても過言ではない。その気持ちはできるだけ汲みたいと思っている。

介護職は褒められていない

　褒められると彼らはほんとうに嬉しそうな顔をする。過剰と感じるくらい喜ぶ人もいる。褒めがいがあるなと思うと同時に、普段あまり褒められていないのかなとちょっと心配になる。

　この心配はおそらく当たっていると思う。利用者からのありがとうが励みです、との声をよく耳にすることからもわかるように、感謝の言葉は現場に溢れている。だが、褒め言

葉は案外少ないのではないだろうか。かといって、利用者に褒めてもらえるような仕組みを作ればいいのかといえば、それは少しずれているような気がする。

まず、ＯＪＴ等の場を通じてスタッフを褒めるのは、リーダーの仕事だ。褒めるという行為は人材育成のひとつの手法でもある。やる気を高めるだけでなく、叱って軌道修正した部下の考えや行動を、褒めることでより確かなものにしていくという役割も担っている。この点は忘れないでおきたい。

身内に褒められる価値

また、褒め言葉は誰がいうかによっても意味が変わってくる。利用者からのそれは、完成品（提供されたサービス）への評価だが、リーダーをはじめとする身内からのそれは、完成品だけでなくプロセスやバックヤードの努力、時には難易度も踏まえた評価になる。どちらにも価値はあるが、同じ「すごいね」でも、顧客にいわれるのと、先輩や同僚にいわれるのとでは意味がまったく違ってくるということだ。各々が独自のプライドをもって集う介護現場だからこそ、この「身内に褒められる価値」は、人材育成のコツとしてもっと意識されていい。

結果にたどり着くまでの難しさや、隠れた苦労まで理解している人からの褒め言葉は、やはり特別な響きをもっている。部下は（特に新人は）それを常に待っている。だからOJTの場でもっと褒めるべきなのだが、どうもリーダーの皆さんは褒めることに相当苦手意識があるようだ。「褒められて育ってきていないので、褒め言葉が思い浮かばない」「今さら気恥ずかしくていえない」「自分はそういうキャラではない」といった声をよく耳にする。

まずは「行為＋良い」だけいう

たとえば、こんなやり方からでも始めてみてはどうだろうか。「今の○○、良かった」「○○、しっかりできてたよ」。○○の部分に、「あなたが良いと思った行為」を当てはめるだけである。

「今の移乗、良かった」「トイレ誘導、しっかりできてたよ」というように「行為＋良い」だけいうのだ。これならば気の利いた言葉を知らなくても大丈夫だ。通りすがりにさらりといえばそれほど恥ずかしくないし、コワモテで通っていたとしたら「意外に優しい」と好感度が上がるかも知れない。

仕事中にあなたが良いと思う部下の行為をみかけたら「それ、いい」とひと言だけ口にだしていう。極端にいえば、その行為について頷いてみせるだけでもいい。要はあなたが部下のその行いを肯定している気持ちが伝わればいいのだ。それが褒めて育てる第一歩である。

「理由」を加え、「比較」をうまく使う

それだけでは味気ないと思ったあなたは、褒め上手の素質がある。あなたは実はもっと褒めたい人なのだ。「行為＋良い」をベースに＋αを考えてみよう。

まずは「理由」を加えてみる。たとえばこんな感じだ。「さっきの移乗、『自立支援にも、安全にも、ちゃんと配慮していて（理由）』、よかった」。具体的な理由が加わることでより伝わる褒め言葉になった。何が良かったのかが伝われば、たとえ本人が無意識で行っていたとしても、次からは意識してそれを行うようになる。正しい行為の再現性が高くなるのだ。

さらに「比較」を加えてみるとこうなる。「さっきの移乗、自立支援にも、安全にも、ちゃんと配慮していて、前よりも（比較）、よかった」。ここまでくれば、もう押しも押

されもせぬ立派な褒め言葉である。この「前よりも」の中には、「成長しているよ」だけでなく、「ずっとみてきたわたしにはそれがわかるよ」というニュアンスが含まれているところがミソである。

この「比較」は汎用性が高い。過去との比較だけではなく、「誰かと比べて」「世間一般よりも」という使い方もできる。また、理論や枠組みを念頭に置いて「正しい」「適切だ」といういい方もできるし、世の中や制度改正の流れに照らして「方向性をとらえている」という評価も可能だ。

「それ、いい」に、「どういいのか」「何と比べていいのか・何に照らしていいのか」が加わると、褒め言葉の説得力が増すのである。

「その人らしさ」も褒めたい

冒頭で触れた事例発表会の講評で褒める場合でも、基本的な考え方は同じである。「行為＋良い＋理由」をベースに、「比較」を加えている。

事例発表の場合の「行為」は、「現場で行われたこと（事例そのもの）」と「いまこの場で行われたこと（発表時のその人らしい表現）」に分けて考えている。着眼点、発見、具体的なアプローチなどは「現場で行われたこと」、語り方、声の質・量、表情などは「いまこの場で行われたこと」である。

それをなぜ「良い」と思ったのか、「理由」を添えてコメントし、適時引き合い（「比較」）をプラスする。たとえば「エビデンスに基づく介護のひとつのお手本のような取り組みでした」「在宅限界点を高める新しい切り口を教わりました」というような言葉を加える。

事例発表などの講評は、多くの場合「現場で行われたこと」にウエイトを置いてなされる。もちろんそれが本筋だが、事例によっては「いまこの場で行われたこと」にも触れたいといつも考えている。「実際に経験した人にしかいえないひと言でした」「思わず方言がでたところにグッときました」など、発表者自身の情熱や人柄を受け止めるようなひと言を添えられればベストだ。

ＯＪＴの場であれば、「〇〇さんらしい気遣い」「〇〇さんが片づけたキッチンはすぐわかる」のような褒め方になるだろう。その人にしか当てはまらない褒め言葉は、本人にとってはいちばん嬉しく、値打ちのあるものになる。

本稿を以って、今後わたしがいくら褒めようとも、誰もが半笑いで受け流すことが確定した。ネタバレを書いて褒める効力が無力化したわたしに代わって、今後はぜひ皆さんにスタッフを褒めまくっていただきたいと思う。

2．伝わる精度を上げる教育内容整理術

介護業界に限らず、専門職集団の人材育成のベースには、「自分で腕を磨いて当たりまえ」という考え方が根強くある。それはともすれば「背中をみて学べ」「目でみて盗め」式の教育になりがちだ。仕事をやさしく丁寧に教えてもらうことを望むいまの新人たちにしてみれば、これは「放置」「丸投げ」であり、早期離職の一因にもなっている。

原因は伝え方にある

トレーナーたちは決して教えていないわけではない。だが、新人たちはちゃんと教えてもらっていないと感じている。両者とも、「なにか本質的なところが伝わっていないような気がする」とモヤモヤしている。その原因はおそらく「伝え方」にある。

仕事を理解している人が新人育成の担当になる。だが、自分が理解していることと、それを他人に理解してもらえるように伝えることは、まったくの別物である。教えるべきことはわかっていても、的確に表現できないし、なかなか上手く伝わらない。

それはある意味当然のことであって、そこには、「教える技術の習得」という当たりま

えのプロセスがすっぽりと抜け落ちている。もっと現実的なことをいえば、まったく教えた経験がない人にも教えることができるような「伝え方」をトレーナー側が身につけない限り、このすれ違いは続くということだ。教育専業ではない「プレイング・トレーナー」に教える技術まで求めるのは酷かもしれないが、せめて伝える工夫くらいは必要だろう。

試行錯誤は立派な教材

試行錯誤を経てある仕事上のコツを掴んだとしよう。一旦コツを掴むと、その後は最も効率的なその手法を繰り返すので、やがて試行錯誤のプロセスは忘れてしまう。いや、覚えておく必要がなくなる、といった方が正しいかもしれない。それはある意味自然なことだ。

だが、多くのトレーナーはこのコツだけを教えようとする。たとえば、移乗介助時は介助者自身の一連の動作が安定していなければならない。その時の姿勢・手の位置・足の位置の「正解」は伝えるが、「不正解」は伝えない。誤った姿勢・手・足の位置だとどうマズいのかはあまり伝えない。これが結果的に「目でみて盗め」になってしまう。

トレーナーにとっては、実はこの「不正解」にこそ価値がある。「正解」に至るまでの試行錯誤のプロセスをすべて覚えておけとまではいわないが、少なくとも自分がわからなかった頃のことを思い出してみてほしいのである。試行錯誤の中で経験したありがちな勘違いやつまずきを「正解（コツ）」とセットで教えるのである。

失敗には、そうなりやすいパターンがある。それはコツと同じくらい値打ちのある情報なのだ。パターンというものは、ある程度の経験の積み重ねがなければみえてこない。もしあなたが、コツを掴むまでに苦労した不器用な人なのであれば、試行錯誤の蓄積がある分、失敗のパターンをみつけやすいはずだ。その知見を活かさない手はない。どこで迷いがちなのか、どういうまちがいが多いのか、それを例示しながら、コツを教えるべきである。トレーナーにとっては、試行錯誤の経験は立派な教材になるのだ。

伝わらないのは伝え方が悪い

そういう意味では、入社2〜3年目のエルダーに新人教育を任せるのは、ある程度理にかなっている。ついこの間まで初期段階の試行錯誤をしていた者が教えるのだから、新人のわからなさもわかるだろう、ということだ。

ただ、それだけの理由で、新人時代を脱したばかりのスタッフに、あらゆる新人教育を委ねるのも少々無理のある話である。ベテランでなければ教えられない知見もある。リーダーの教育技術の研鑽も、一方では欠かせない。

先ほど、トレーナー側が「伝え方」を工夫すべきだといった。もちろん新人にも理解する努力はしてもらいたいが、教える側にも「伝わらないのは伝え方が悪いからではないか」という内省は常に必要である。

学びは真似るからはじまるといわれるように、現場のＯＪＴの大半は、トレーナーや先輩が手本をみせて、それを真似させるやり方で行われていると思う。問題は、その際に、教える側がちゃんと整理してから伝えているか、という点である。何かを人に伝える時には、その情報を改めてアウトプット用に整えなければならない。

事前に情報整理されたものは伝わりやすい

前節で紙幅を割いて説明した、プレゼンや講義での「伝わる伝え方」は、ＯＪＴにも有効である。

たとえば、ベッドから車いすへの移乗を教える際に、そのポイントや注意事項を１～３個程度に絞って、あなたは口にだしていえるだろうか。①②③と番号を付けて、「真似てほしい点」をその場で紙に書き出せるだろうか。何かを教える前に、まずそれを自分に問いかけてみてほしいのだ。

もちろん、これができなくても教育はできる。しかし、教える側にこの準備ができていれば、さらに伝わりやすくなるのはまちがいない。

たとえば、移乗介助について教えるときは、いきなり教えるのではなく、まず、自分の中でポイントを整理してみる。「移乗のポイントは3つ。①車いすの角度、②介助者の立ち位置、③利用者の協力も得る」こういうふうにあらかじめ頭の中で整理された情報は、なめらかに、落ち着いて、明確に、アウトプットすることができる。だからわかりやすくなる。

裏返して考えてみればよくわかる。ポイントは示されず、いちいちつっかえながら、いかにも自信なさげに説明をされては、いくら価値のある情報であっても頭に入ってこないだろう。伝える側の不安定さは、伝えられる側に見透かされてしまうものなのだ。

テクニックよりも、まずは情報の事前整理

「3．講義の教材化」でも触れたが、伝える側の中で事前に整理された情報は伝わりやす

い。事前の情報整理という行為は、情報だけでなく、それを伝える者の心理と、そこから派生する態度や話し方まで整える。伝える側の準備が整っていれば、自然と伝え方も安定する。落ち着いた態度で伝えられる情報は、落ち着いてきけるのである。

優しい口調で教えるより、丁寧に教えるより、繰り返し教えるより、トレーナーが教える内容を事前に整理して教えることが何より効果的である。ポイントを3つ以内に絞って伝えればさらにその効果は高まる。

もちろん、教え方のテクニックは様々あり、それぞれ有効だ。しかしながら、身につけるには時間がかかる。またすべての人が習得できるとは限らない。だが、教える内容の事前整理だけなら、今すぐ、誰にでもできる。トレーナーがこれを心がけるだけで、伝わり方はかなり違ってくる。伝わり方が変われば、教えているのに伝わらない、教えてもらっているのに身につかないというすれ違いは減っていくはずだ。

3. 丸投げしないグループワーク

集合研修の必要性は否定しない。ある程度までの有効性もあると思う。だが、限界はある。研修する側は教育したつもり、研修された側は教育されたつもりになってしまうところが、集合研修のおそろしいところだ。研修さえしておけばサービスの質が担保される、リスク防止になるといった過剰な期待や依存には、常に慎重でありたい。

集合研修を過大評価しない

1人の講師が複数の者に一定時間何かを話しさえすれば、現場に何か良い変化が起こるという考えは錯覚である。教えた内容は時間の経過とともに忘れ去られていく運命にある。研修直後、頭の中に満ちていた知識は、帰路でこぼれ落ち、帰宅してこぼれ落ち、翌日現場に立った時には何も残っていないかもしれない。それはリモート研修でも同じである。かろうじて印象に残った知識が仕事に活かされることを講師はただ祈るばかりだが、残念ながらすべての受講生が必ずそうしてくれるわけではない。

集合研修や講義形式が悪いといっているのではない。ただ、講師はこういった現実を肝に銘じた上で教える必要がある。教育のほんとうの目的は、現場での実践や改善を促すことにある。自分の講義にそのような力があるのかという内省と、少しでも多くのものを受講者に持ち帰って実践してもらおうという努力が、伝える側には常に求められる。

グループワークという形式自体の教育効果

数多くの受講生アンケートをみてきて感じるのは、グループワークを取り入れた参加型の集合研修への評価が高いことだ。感想欄には毎回「他事業所のサ責の方々の意見を初めてきいたので非常に勉強になった」「他社の管理職の方でも同じ悩みを抱えていることが分かって少しホッとした」等の意見が並ぶ。

介護職の場合、複数事業所を持つ会社であっても、他の事業所と交流のないことが多い。1社1事業所ならばなおさらである。同じ仕事をしている他社スタッフの声が学びにつながったというのは、他者の意見を通じて自分の考え方や仕事内容を客観視し、振り返る機会を得たということだろう。日々の仕事に追われる彼ら彼女らにとっては、貴重なひとときだったに違いない。

内省は成長に欠かせない要素のひとつである。グループワークにはその形式自体に、もともと一定の教育効果が備わっている。だからといって、何かテーマを与えてディスカッションをさせておけば研修になると考えるのは、講師側の怠慢である。グループワークは、どのような内容であってもそれなりのものに落ち着くことが多いだけに、そこに甘えるべきではない。また、単なる愚痴大会に終わらないような工夫も必要だろう。

受講者の自主性を尊重することと、研修の責任を受講者に丸投げすることは、まったく違う。講義型同様に講師の責任は重い。

「お客さん」をつくらないために

グループワークにはデメリットもある。それは「お客さん」の発生である。参加型研修をすると、必ずといっていいほど、議論に参加しない人、ワークを分担しない人がでてくる。ひとつの集団には、シャイな人、口下手な人、あるいは協調性のない人は一定数いるのだから、それは仕方ないという諦めの声もよく耳にする。だが、まったく工夫の余地がないわけでもないだろう。

まず、少人数にするという手がある。経験上、3人グループ、4人グループにすればお客さんはでにくくなる。大集団の中では誰かの陰に隠れることができても、必要最低限の小集団になると、さすがに何もしないわけにはいかなくなる。

さらに役割分担をこちらで設定する。たとえば、3人組で、リーダー・書記・発表者の3役を決めるよう講師から促されれば逃げようがない。テーマによっては、4つ目の役割としてパワーポイントなどの発表資料作成者を加えることも可能である。

適度の負荷でいつも以上の集中力を引き出す

その上で比較的短い時間制限を設けるのも一案だ。課題にもよるが、討議と発表内容のまとめでトータル15～30分間となれば、ゆっくり話し合っている暇はない。時間配分を意識した計画的なディスカッションが必要になる。各人は当然自分の役割に集中することになり、チームワークも発揮せざるをえない。

以前、新入社員研修でこれをやったら、自己紹介と3役を決めるのに時間がかかり、発表内容をまとめるまでに至らなかったということもあったが、通常はほとんどのグループが制限時間内にワークをまとめてくる。

最近思うのは、ディスカッションの時間はやや短い方がいいのではないか、ということだ。世の中で行われている研修の中には、どう考えても討議時間が長すぎるものが少なからずある。与えられた時間よりも早くにディスカッションが終わってしまい、手持ち無沙汰になるグループがいくつもでてしまうようでは、講義の構成ミスといわれても仕方ない。また、時間をかければいい意見交換になる、あるいはいいアイデアがでるのかといえば、必ずしもそうではない。30分のところを20分に、20分のところを15分にして、適度な負荷をかけていつも以上の集中力を引き出すというやり方も有効である。

まとめるとグループワークに入る前の講師のコメントは以下のようになる。「今から3人グループに分かれ、3役を決め、職場の定着率を高めるには?というテーマで話し合って下さい。15分後に具体策について発表をお願いします」。これで「お客さん」が発生する余地はかなり減るだろう。

グループワークはマネジメントである

発表を伴うグループワークにはマネジメントの要素が凝縮されている。リーダーは限られた材料を使って、制限時間内でペース配分を行いつつ、各メンバーの力をうまく使って、課題解決策を目にみえる形にして表現しなければならない。リソースも時間も十分ではないが、無いものねだりをしている暇があったら、考えて、行動して、何とか期限までにべターな結果をだす。マネジメントにも似ているし、仕事そのものにも似ている。

このようなマネジメントとの類似性を示唆する視点を、事前に講師から伝えておけば、グループワークに別の意味や価値を与えることができるかもしれない。

討議に入る前に「これはマネジメントの訓練でもあるんですよ」と告げられ、「リーダー役の人は、計画立案↓進捗確認↓軌道修正↓成果評価というマネジメントの基本的な流れを意識しながらワークを進めて下さい。あとでその点についてもおききします」といわれれば、かなりの緊張感が生まれるだろう。「これがひとつの仕事なら、リーダー・書記・発表者はどのような役割を求められているのか、その点も考えながらワークを進めて下さい」と投げかけてみてもいい。「確かにマネジメントに似ているところもあるな」という印象が受講生の中に残れば、いつか現場運営に役立つかもしれない。

集合研修には限界があるが、集合研修の工夫に限界はない。講師としては、現場まで持ち帰ってもらえるような伝え方を、常に考え続けたい。

4．人材育成と実務会議を融合させる

集合研修と現場実務との連動は、教育に携わる者にとっての永遠の課題である。研修での気づきを少しでも現場で活かして欲しい。その工夫の追求に終わりはない。以下で紹介する手法は、通常現場で行われている業務改善会議をそのまま研修の中に取り込んだ、いわば人材育成と実務会議のハイブリッドである。

研修の中で多分業化検討会議を行う

前章第2節の「4．多能工化と多分業化で受け皿を増やす」の中で取り上げた「多分業化」に再び焦点を当ててみたいと思う。

「多分業化」とは、日常行っている仕事を「ケア業務」と「ケア周辺業務」に分類し、それぞれについて担い手を分けることで人材採用の可能性を高め、サービスの受け皿として必要な人材のキャパシティを確保しようという試みである。ケア周辺業務はケアではない、といっているのではなく、あくまでも業務分担のひとつのアイデアとして受けとめていただければと思う。

サービス提供に必要な労働力を常勤と非常勤の合わせ技で確保するのは今や当たりまえのことだが、いま常勤が担当している仕事の中に、さらに非常勤に任せられる仕事はないのか、もう一度探ってみる価値はある。1人分の仕事を2人で分業する程度にとどまらず、4~5人分の分業まで細分化して考えてみよう、という発想なのである。

介護専門職のコアなケアを増やす

多分業化を推し進めていくと、介護専門職はケア周辺業務が減り、コアなケアに専念できる時間が増えるので、サービスの質の向上や、残業抑制効果が期待できる。中期的にみれば、離職防止効果もあるだろう。

ケア周辺業務の代表例は、デイサービスの送迎である。現在、デイの職員が担っている様々な仕事の中から送迎業務だけを切り分けて、非常勤のドライバーに任せるのだ。

仮に、2人で1台の送迎車を担当している場合、うち1人を非常勤ドライバーに代えることができれば、事業所に1人残すことができる。送迎車が戻ってくるまでの間に、この増えた1人でできる仕事は決して少なくない。記録関係の事務、朝はその日の準備、夕は片づけや明日の準備など、普段管理者ら居残り組で行っている業務が必ずあるはずだ。担う人手を増やすことで、同時並行で処理できる仕事は多くなる。その分だけ昼休憩や終業後になだれ込む業務量は抑制されるだろう。

人材育成であり、会議でもある価値

本題はここからだ。以上の理屈を最初に説明した上で、研修の中で多分業化検討会議を行う。サービス別やフロア別に割り振った各グループで、日常業務の中で切り分けができそうなケア周辺業務を出し合い、それらを白板か模造紙に書き出して最後に発表してもらう。

このプロセスで、受講者は否が応でも自分の仕事の棚卸しを行うことになる。ケア業務とケア周辺業務を切り分けるという視点で仕事の棚卸しを行うと、ケア業務とは具体的に何を指すのかについて向き合わざるをえなくなる。その内省の教育効果は高い。この研修の人材育成としての価値がそこにある。

一方で、本研修には実務会議としての側面もあることは冒頭に述べた。これをより現実的なものとするために、この研修には所属長以上の決定権者の出席が望ましい。最後のグループ発表をきいた上で決定権者からの質問や講評がでれば、もうこれはれっきとした会議である。当然、ケア周辺業務を切り分けるいいアイデアは、現実の人材施策として実行に移してほしい。

さて、ここでいくつかの疑問に答えなければならないだろう。ケア周辺業務はそんなにあるのか？その人材は採用できるのか？単なる人件費増になるだけではないのか？この3点について、実体験に基づいて回答しよう。

多分業化は実現可能か

まず、ケア周辺業務はかなり存在する。ハコモノサービスでは、運転業務以外にも、清掃全般、調理・配膳、リネン関係、営繕・設備管理などがある。とりわけ24時間・365日稼働の入居施設では、現状はケア専門職が担っていて、本当は切り分け可能なケア周辺業務が、まだまだ相当量「埋蔵」されていると睨んでいる。訪問系サービスには、確かに切り分けできる仕事は少ないが、それでも一定規模以上の事業所ならば、レセプトや労務など煩雑な事務を任せる事務職員の配置は一考に値するだろう。

次に採用については、介護職に比べれば格段に確保しやすいと思う。ポイントは、年齢不問と短時間でも可とすることである。今の60代～70代の中にはかなり元気な方も多く、働く意欲も能力もあるのに、定年という理由だけで働けていないシニア層が確実に存在する。

ドアが壊れて、介護職が慣れない手つきで修理して結局直らない、あるいは業者に出張料だけで何万円も支払うのなら、エンジニア経験のあるシニア人材に任せた方が、うまくて、早くて、安い。地域で宅配経験のあるシニア人材はデイサービス送迎の即戦力かつ最適任者であり、専業主婦の調理・配膳の腕は高齢であっても衰えていないことが多い。さらに、自分が役に立つ場を新たにみつけた彼らシニア層のモチベーションは、一様に高いことも付け加えておきたい。

短時間ということでいえば、午前だけ、午後だけ、極論すれば1時間だけでも可とすることで、働ける、働きたいという層も実在する。幼稚園に子供を送り迎えする間の3～4時間だけ施設の調理と配膳をお願いする、デイサービスの夕方の清掃を近所の主婦に毎日1時間だけお願いするなど、設定する時間を細かくすることで、地域から新たな人材を採用することはまだまだ可能だ。

餅は餅屋という発想も

最後に、もちろんコストは上がる。ただ、人件費は売上に対して適正であれば問題ないはずだ。慢性的な人材不足で結果的に人件費が抑制され、利益があがっている状態は、決して健全ではない。オーバーワークからの離職を防ぐための人件費増は、一定レベルまで許されるだろう。

また、ケア周辺業務を非常勤が担うことで常勤の残業が減れば、単純計算でコストは下がる。時給換算で千数百円になることが多い常勤の残業代が、非常勤の千円前後の時給に切り替わると、この差額分がコストダウンとなる。

日常生活支援を基本としている介護の仕事は、カバーする領域があまりにも広い。運転や設備管理の技術とケア技術は、まったく異なる能力なのだが、すべて介護専門職が担当していることが少なからずある。良いケアをする職員が、必ずしも良い運転をするとは限らない。運転が得意な者が別にいるなら、その人に任せてしまう方がいい。多分業化には、餅は餅屋という発想も含まれているということなのだ。

5. 集合研修でモチベーション向上は可能か

仕事が役割演技だといっても、モチベーションまで「ふり」で通すわけにはいかない。働く上でのモチベーションについては、自分自身でじっくりみつめた方がいい。リーダーにとって、部下のモチベーション維持は重要な仕事のひとつだが、決めつけや押しつけは慎み、本人の自主性を促すサポートを心がけたい。

「衛生要因」と「動機付け要因」

F・ハーズバーグという学者は、仕事に対して不満を感じる要因と、満足を感じる要因は別々のものだといった。仮に経営者が管理手法や待遇も含めた労働環境を改善したとしても、職員は満足を感じず、逆に不足すると不満を感じるとして、これを「衛生要因」と呼んだ。その一方で、自分の成長や達成感につながる仕事を任せたり、権限委譲したりすると職員は満足を感じ、たとえそういった機会が不足していても別に不満は感じないとして、こちらは「動機付け要因」と呼んだ。かの有名な二要因理論である。たとえば、給与改善や職場のアメニティ向上で得られる満足感は長続きせず、やがてそれが当たりまえになってしまうことはよくある。一方で、自分が成長できているという実感や仕事上の裁量の大きさが、そのままやる気に直結することも珍しい話ではない。あらゆることについて当てはまらないまでも、あなたにも思い当たるフシは少なからずあるのではないだろうか。

「職員のモチベーションをあげたい」という要望

働く上で、お金では測れない自分なりのやりがいや達成感について、誰もが1度は考えたことがあるだろう。また、この話題について、職場の仲間と意見を交わした人も少なからずいることだろう。時折耳にする「お金だけのために働いているんじゃない」というセリフの中には、「お金のために働いている現実の肯定（衛生要因）」と「お金以外のためにも働いている・働きたいという気持ち（動機付け要因）」がない交ぜになっている。

動機付け要因はモチベーション要因とも呼ばれるが、与えることも、手に入れることも、また手に入れたとして維持することも、口でいうほど簡単ではない。組織の論理でかき消されることもままあり、また、自分自身で見失ってしまうこともある。「何のために働くか?」という問いは、人間が働く上でいちばん一筋縄ではいかない代物なのかもしれない。

ところが、このモチベーションをあげる方法を教えてほしいという講師依頼は、案外少なくないのだ。「モチベーションについて一緒に考えることならできるかもしれません」と返すと、それでいいからやってほしいといわれ、実際にやってみたこともあるのだが、効果のほどは正直よくわからない。

リーダーがモチベーションについて理解を深めたからといって、それが現場スタッフのやる気につながるとは限らない。また、仮にその理解がスタッフのモチベーションを高めることにつながったとしても、それが及ぶ範囲や継続性には疑問が残る。それでも多くの経営者は、何とかして職員のモチベーションをあげたいと考えているようである。

「動機付け要因」に関する意見の多様化

これまでやってきたリーダー向けの研修に次のようなものがある。話はハーズバーグに戻る。まず研修のはじめに、二要因理論について、ほぼこの冒頭の文章の通り説明する。その上で受講生に、スタッフのモチベーションをあげる具体的方法について考え、発表してもらう。グループワーク、個人ワーク、どちらでもいい。

でてくる意見が動機付け要因の範疇に入るものばかりになるのかといえば、必ずしもそうではない。「やはりもっと給料を上げて欲しい」「休みを安定的に取らせてあげたい」

といった衛生要因にあたる声も毎回あがる。この傾向はここ10年間変わらない。

ただ、以前に比べて、動機付け要因に関する意見は非常に多様になったと思う。昔は「褒める」「適材適所の人事」などが主立ったところだったが、近年ではそれに加えて、「いろいろな切り口から表彰する」「自己研鑽に補助をだす」「定期的に個人面談をして目標を共有し伴走する」など様々な提案がでるようになった。それだけ、リーダーたちもスタッフのモチベーションについて真剣に考えるようになったのである。将来に希望がもてる変化である。

ワークを通じて考えるきっかけを示す

ほかにも、リーダーたちに、若手スタッフの前で「自分がこの仕事に就こうと思った理由」や「この仕事をやってきてよかったなと思った瞬間」について語ってもらったり、逆に若手から中堅に同じことを語ってもらったりしたこともあった。

こういうタイプの研修は、目新しさもあっておおむね好評なのだが、だからといって、これで現場のやる気が高まるなどとは、講師としてはまったく思っていない。モチベーション向上というテーマは、組織の継続的な人事施策のひとつとして、場合によってはインセンティブやキャリアラダーの構築ともセットで取り組んでいくべきものだと考えるからだ。単発の集合研修でどうにかなるような課題ではない。仮に、こういったワークを通じて彼らが何かをえたとするならば、それはモチベーションについて考えるきっかけや、そのみつけ方だろう。

キャリアに応じた課題と支援を用意する

何もハーズバーグを引き合いにださなくとも、介護という仕事を「お金のためだけ」に続けることはなかなか難しいと、誰もが感じている。また、「やりがいだけ」で続けていくにも無理があると思っている。お金も、やりがいも、もちろん大切だが、介護職についてもうひとつモチベーション向上の切り口があるとするなら、それは「専門性に磨きをかける」ことだろう。「介護職としての自己成長のために働く」という動機に向けて、キャリア別の目標設定や学習機会を与えるのである。

新人には、1人前になるという目標とそのためのＯＪＴを用意する。中堅には、燃え尽き離職にならないための資格取得や委員会活動のリーダーなどの新たな役割を与える。あるいは、主任等への昇格に併せて、社費でのマネジメント研修の受講を促すという方法もある。

行き当たりばったりではなく、こういった職業経験に応じた課題と支援を組織内に定めることが、キャリアラダー構築の第一歩になる。また、インセンティブは必ずしも直接的な報酬でなくとも構わないという点も強調しておきたい。公的資格の取得とその後の自己研鑽を重視する専門職にとっては、学ぶ機会の提供という間接的な報酬も、ひとつの有効なインセンティブになりうる。あえて二要因理論に照らしていえば、研修受講機会の提供は、自らの成長につながるという意味合いで、典型的な動機付け要因といえるかもしれない。

専門職には、専門職が望むキャリアの積み方と報酬がある。専門職から管理者になった人にはそれがよくわかるはずだ。一般論に惑わされず、介護専門職に合ったモチベーション向上施策を考えたい。

6. 全員参加で虐待防止研修を活性化する

こと虐待防止に関しては、研修自体にそこまでの力はないと謙虚にとらえておくべきだ。研修さえしておけば大丈夫と、マネジメント層がいちばん考えてはいけない種類のテーマなのではないだろうか。研修を過大評価せず、効果は限定的だと認めたうえで、その限定的効果を最大限発揮できる中身を工夫したい。

「その場意識調査」を行う

現在、ネット上では、多種多様なアンケートやヒアリングの調査結果が公開されている。公的機関やシンクタンクが行ったもの、あるいは民間企業がまとめたものなど、様々な種類がある。その中から、著作権上問題がないものについて研修内で引用することは、一般的によく行われている手法である。その大半は、研修テーマについての客観的補足データとして使用することが多いと思うが、少し角度を変えた使い方をしてみてはどうだろうか。この既存の調査結果に基づいて、研修会場で、挙手による「その場意識調査」を行うのである。

たとえば、介護職を対象に、高齢者虐待の発生要因について尋ねた調査結果があったとしよう。最初は結果を伏せておいて、白板に、「人員不足」「教育が不十分」「スタッフの根本的な性格の問題」「事業所と本人のストレスマネジメント不足」というように、この設問の選択肢をランダムに書き出していく。そのうえで、「これが職員による利用者への虐待の要因だ、と思ったら、手を挙げて下さい。複数回答可です」といって、その場でアンケートを取り、選択肢の横に挙手数を記していく。受講生数（母数）で割って%を添えればよりわかりやすくなるだろう。ちなみにZOOMなどのリモート会議・研修システムにはこのアンケート機能が標準装備されており、これを使えば同様のことを行うことは可能である。

アンケートという仕掛で参加を促す

受講生のアンケート結果が出揃ったら、その横に既存の調査結果の数字を書き出し、比較していく。ほぼ同じ数字が並ぶ場合もあるし、部分的に異なる結果になる場合もあるが、ここで重要なのは差異の有無ではない。既存の調査結果に照らして、受講生ひとり一人に虐待の要因について考えてもらう点にねらいがある。ともすればひとつの参考データとしてき流されてしまうかもしれない調査結果を、挙手を通じて、自分の（自分の職場の）問題として主体的にとらえてもらうのである。

加えて、この結果について思うところを何人かにきいていく。白板に書かれた結果に対して、同意や理解を示す者もいれば、疑問を投げかける者もいる。ときには「スタッフの性格が原因だといってしまっては身も蓋もない。教育によって誤った考え方や行動はある程度修正できると信じたい」という前向きな意見がきかれることもある。

すでにおわかりのように、この「その場意識調査」の調査精度自体ははっきりいって非常に低い。母集団がわずか数十名の、しかも他人の目を意識せざるをえない挙手による調査の信憑性はほぼ無きに等しいだろう。また、仮に、取り上げた既存調査結果の母数が3００件だったとして、この研修の受講生数が30名であった場合、これらを比較するのもかなり乱暴な話である。それでも、虐待というテーマを自分の問題に引き寄せて考えてもらう仕掛けとしての価値はあると思う。

対応策もきいてみる

せっかく参加型研修の流れができたのならば、さらに踏み込んでみよう。虐待の主な要因がいくつかでたところで、これらに対する対応策を受講生に考えてもらう。個々人から意見がでるのが理想だが、ハードルが高いようならグループディスカッションでも構わない。

あくまでも個人的な経験の範囲に過ぎないが、これまでこの研修をしてきて、「人員不足」という要因に対して「人員補充が必要」という意見は必ずあがるものの、「それだけで虐待は防げるか？」という問いに対してうなずく人はさすがにいなかった。いつも対応策としていちばん多くあがるのは、やはり利用者の尊厳・人権について、あるいは介護職の職業倫理について、地道に教育し続けるしかないという意見である。

ただ、この研修を長く続けていく以上は、毎回基本的な理念や法律の文言を繰り返すだけというわけにもいかない。虐待の種類（身体的虐待、心理的虐待、経済的虐待、性的虐待、介護放棄等）についての解説やディスカッションを行うことも多いが、こればかりを繰り返していくわけにもいかない。「その場意識調査」は、こういった声に応えて考案したアイデアのひとつである。

居心地のいい職場環境を整えることや、スタッフ同士のコミュニケーションを深めることが重要、という声も必ずあがる意見である。スタッフの孤立や閉塞的な職場の雰囲気が虐待につながっていくという危機意識は、多くの管理者が肌で感じている感覚なのではないだろうか。

ストレス解消法を発表してもらう

かつて虐待防止研修をしていた時に、一度「職場ぐるみのストレスマネジメントが重要」という声が数多くあがったことがあった。それならば、ということで、即興で受講生のストレス解消法をきいていったことがある。個々人が発表したストレス解消法を白板に書きつけていき、最後に講師がまとめのコメントを加えただけだったのだが、これが意外と盛り上がったので、その後は定番のコーナーとして続けている。

毎回、いちばん多くあがるのは「旅行」である。曰く、旅行には、非日常、食べる、呑む、喋る、温泉という、複数のストレス解消法が凝縮されているので、コストパフォーマンスが非常に高いのだそうだ。いわれてみれば確かにその通りだ。

そのほかにも「スポーツで汗を流す」「子どもと遊ぶ」「泣ける映画を観る」「好物だけを満腹になるまで食べる」「とにかく寝る」など、その人の個性が滲む様々な方法が次々にでてくるので、きいていて飽きない。

個人的に忘れられないのは、「パンを焼く」というユニークな解消法である。その人の場合は、生地づくりからはじめる本格的なもので、相当力を入れて生地をこねなければならないそうなのだが、その際に溜まったストレスもそこに練り込んで焼き上げ、食べて消してしまうのだという。「ストレスが強いときはやはりひと味ちがいますか？」と尋ねたら、「はい！」という元気な声が返ってきて、場内爆笑だった。ときにはこんな虐待防止研修もわるくないだろう。

ストレス解消法をいい合うことが、そのまま虐待防止につながるわけではない。だが、このような研修の機会すら与えられない職場や、スタッフ同士がコミュニケーション不全に陥っている職場で虐待が起きているのも事実だろう。ストレス解消法をいい合えるような風通しのいい職場は、きっと虐待から一歩だけ遠い場所にあるはずだ。

7. リスクマネジメントとは予防と対応である

事故は常に起こる可能性がある。だが、発生頻度が少ないと、わたしたちはどうしてもそれを非日常的なものとしてとらえてしまいがちだ。「そうそう起こらないだろう」という意識が、やがて「滅多に起こらないだろう」になり、最終的には「気にしなくていい」になる。そこに常に揺さぶりをかけ続けるのがリスクマネジメント研修である。

なぜベテランは予測できるのか

リスクマネジメントの基本は、日常的な事故予防と、事故発生時の適切な対応に尽きる。この2つの視点をいかにわかりやすくスタッフに伝えるかが、リスクマネジメント研修を行う際のポイントになる。

まずは、事故の予防である。教え方は様々あるが、ここでは「洞察」と「情報共有」に絞って考えてみたい。

「洞察」について研修でいつも話すのは、現場で一目置かれている介護職の多くが予測力に長けている、ということである。彼ら彼女らは常に次の流れを考えて行動するので、動きに余裕があり、かつ無駄がない。この力は現場スタッフたちから畏敬の念を込めて「勘が鋭い」「予知能力」などと呼ばれている。確かに優れた能力にはちがいないのだが、これは勘でも予知でもない。おそらく、その人の中で経験の蓄積が一種のデータベースのようになっていて、しかもある程度のパターン分類がなされており、そこからの類推で「次はこうなる」という予測がはじきだされているのだろう。当然、この蓄積されている経験情報の質が高いほど予測の精度は上がる。その情報の質を支えているのが「洞察」なのだ。

洞察力の鋭い介護職になるために

予測力に長けたスタッフは、ただ漫然とみているのではなく「よくみている」。表情、呼吸、歩き方、物の位置など、重要度の高いところに焦点をあててみているのである。その視点の鋭さが、予測力も含めたサービス全体の質につながっている。

洞察の訓練法としては、「危険予知トレーニング」の頭文字をとった「ＫＹＴ」が有名だ。路上の写真や浴室の絵をみせて、どんな危険が潜んでいるのかみつけていくワークである。運転免許の講習などでもおなじみだろう。仮にこれをやるとしても、前述した、べテラン介護職の予測力の話を前もってしておけば、そのあとに続くこのKYTの印象は随分と変わる。

たとえばこんな感じだ。「『あの人は勘が鋭い』と尊敬される介護職に、皆さんもなれます。介護職を続けていく以上、こういうプロを目指したいものです。そのために洞察力を磨くのです。洞察力が鋭くなれば、事故も事前に防げる確率が高まります。それでは次の写真をよくみてみましょう」といってから写真をみせるのである。

あくまでも目標は「洞察力の鋭い介護職」で、そのプロセスにKYTがあり、事故予防にもなる、という話の持っていき方をしている。何のために洞察力を磨くのか。事故予防のためでもあるが、そのもっと先にある専門職としての目標まで提示している点がポイントだ。

利用者と仲間のための情報共有

つぎに「情報共有」である。たとえば、なぜ事故予防のために情報共有が必要なのか、事故を道路のくぼみに喩えて考えてみよう。

くぼみにつまずいてあなたが転んだとする。その場所を正確に記録して仲間に知らせれば、あとからくる者はそのくぼみを避けて通れる。そのくぼみを埋めることもできる。これが事故予防のために情報共有が必要な理由である。

もし、転んだことを黙っていれば、仲間はくぼみの場所を知らないので、いずれ第2の転倒者がでてしまうだろう。隠蔽が被害をさらに拡大させる図式がこれである。情報共有ミスで実際に起きた事故の事例を紹介すれば、より効果的だ。

その上で、事故報告は恥ではないし、事故報告書は始末書ではないと付け加える。事故情報の共有は、自身の反省のためだけでなく、利用者と仲間を守るためでもある。

前章でも触れたように、事故が起きたあとに重要なのは再発防止の徹底であって、事故を起こした者を責めることではない。これは仕事全般についていえることだが、個人への厳しすぎる懲罰は組織全体を萎縮させるだけでなく、隠蔽を生む。それはある意味で事故よりもおそろしいリスクである。

結果的に責任所在や原因究明をうやむやにしてしまう温情主義も、過度に個人の責任を追及する厳罰主義も、ともに職業人を腐敗させる。優しさに甘える者は同じ過ちを繰り返し、厳しさに怯える者は過ちを隠し続けるのだ。その行き着く先は組織の崩壊である。

事故は、いくつかの要素が化学反応のようなものを起こして発生する。わたしたちにできるのは、たとえば、ありうる化学反応を予測して、要素と要素をあらかじめ引き離しておくことだ。この例の場合ならば、「くぼみ＋歩行者＝転倒」という予測に基づいて、歩行者に事前にくぼみの場所を知らせておく。デイサービスの送迎中の事故予防であれば、たとえば「事故多発交差点＋送迎ルート＝交通事故」という予測を立てて、その危険な交差点を送迎ルートから外すなどの回避策を打つ。ある組み合わせが事故につながる可能性が高いことがわかっている時は、要素同士がそもそも出合わないようにしてしまうのだ。

これは実際に行われている事故予防策である。

心の痛みも立派な事故情報

リスクマネジメントのもうひとつの重要な視点は、事故後の対応である。その最も大切なポイントを1つだけあげるならば、スピードである。相手の感情を考えた気遣いや誠実な姿勢は当然のこととして、初期段階の対応の遅れが、問題を複雑化させ、長期化させている事例は後を絶たない。

事故やクレームは「火」に似ている。発火時点ではわずか1滴の水で消えた火が、どんどん燃え広がり、やがて消防車数台でも容易には消せない大火事となる。小さな火を大火に変えるのは、時間である。もちろん、余計な発言や行動で火に油を注いでしまうこともときにはあるが、事故発生直後の謝罪がないなど、初動での問題放置が事態を悪化させている事例はあまりにも多い。

ただ、一口に放置といっても、様々なパターンがある。隠蔽によるものもあれば、連絡ミスによるものもある。連絡ミスにも、聞きまちがいレベルから、メモの置きっぱなし貼りっぱなし、代理の者を立てたが動いていなかった、というケースもある。

自分が経験した失敗談ほど聴く者の心に響くものはない。その失敗の痛みが大きければ大きいほど、後悔の念が深ければ深いほど、教材としての価値は高くなると考えたい。いいにくい話も、いえない話もあるとは思うが、くぼみにつまずいて痛い目にあったのならば、その痛みをできるだけ実感を込めて語った方がいい。心の痛みも立派な事故情報である。利用者と仲間のために共有すべきだ。

研修の場で失敗の痛みが伝わったからといって、事故が減る保証はどこにもない。だが、少なくとも、痛みが伝われば現場に持ち帰ってもらえる可能性は高くなる。持ち帰り率をアップさせるためなら何でも試してみる。それは、教える者の務めだと思う。

8. 受講生の意見だけで研修を構成する

ＯＪＴの学びには実体験の手応えがあるが、ＯＦＦ-ＪＴの学びには実体験の手応えがない。あえて厳しい言い方をすれば、集合研修をはじめとするＯＦＦ-ＪＴで取り扱う事柄は、理論であれ、事例であれ、所詮はすべて他人事だ。そこを超えようとする工夫は常に必要である。

スクール形式でも参加型研修はできる

そのための方法として最も一般的なのが、グループワークなどを取り入れた参加型研修である。提示された課題に対する受講生の自発的な取り組みを通じて、手技そのものや、課題に対する分析法・解決法などを身につけてもらうことを目的としている。他人事を自分に引き寄せて考えてもらうための、疑似体験というひとつの仕掛けであり、ほとんどの人が何らかの形で受講した経験があるだろう。

しかしながら、このタイプの研修は場所と時間がネックになる。ワークやディスカッションをするためには一定のスペースがいるし、作業時間だけでなく、グループの数だけ発表時間も用意しなければならない。訪問介護事業所のように、小さな事務所全体をそのまま研修会場にして、しかも研修時間が1時間しか取れない場合などは、かなりハードルが高くなる。

では、別会場を用意できない事業所には参加型研修は無理なのか。そんなことはない。講師と受講生が対面するスクール形式でも、参加型研修は可能である。トーク番組などでよくみかける「司会対ひな壇」のスタイルでやればいいのだ。

問↓考↓答↓締の4ステップ

スクール形式というと講師が一方的に話し続ける印象が強いと思うが、講師が受講生に質問を投げかけ、意見を求めながら進める、白熱教室のような講義形式は別に珍しいものではない。むしろ本来あるべき講義の形なのかもしれない。

ただこの形式は、受講生の反応がなければ成立しない。また、講師には、その反応を臨機応変に受け止めつつ講義を進行していく司会的な技量が求められる。だから多くの講師は敬遠するのだ。しかし、この形式がもつライブ感や緊張感は捨てがたい。集合研修のハンデを補う有効な手段のひとつになりえる。やってみる価値はある。

白熱教室には遠く及ばないが、これまで行ってきた研修を例にあげて説明してみよう。白板さえあれば狭い会場でもできる。1時間以内に収めることも可能だ。

進行方法は至ってシンプルである。講師から受講生に何らかの質問を投げかけ、返ってきた答を白板に書いていく。答が出尽くしたら白板に書かれた内容を読み上げて振り返り、まとめる。基本的にはこれだけである。

①まず、白板に大きな字でテーマ（問いかけ）を記す。例えば「職場の定着率をあげるには？」と書く。

②受講生各人に3〜5分考える時間を与える。短時間でも自分で考えてもらうことが重要だ。この場合は定着率をあげる方法を考えてもらう。

③前から順番に1人1つずつ意見をきき、それを箇条書きで白板に書きつけていく。意見が似通ってきたら他の意見がないか尋ねる。

④白板の内容を読み上げてまとめのコメントで締める。

①と②は問題なく進行できるだろう。③で各人の意見を箇条書きにしていくのは少し慣れがいるかもしれないが、基本的には走り書きでよい。丁寧に書き取るだけのスペースは白板上にはないし、時間も限られている。ここはテンポを優先したほうがいい。

③の受講生の意見は、いわば「生の教材」である。いい意見や面白い意見はいい教材になり、場も盛り上がる。でも、それはやってみなければわからない。講師にどうこうできる問題ではないので、「いい意見がでれば幸運」くらいに考えておこう。むしろ講師側に工夫の余地があるのはその後の④のほうだ。

まとめには「分類」を使う

「生の教材」である受講生の意見をどう受け止めるかで、参加型研修の出来は左右される。ここでは最も簡単なまとめ方をひとつご紹介したい。それは「分類」である。

たとえば、職場で改善が必要と思われる問題について多様な意見を白板に列記したとして、それをいきなり講師がまとめなければならないとしたら、背筋が寒くなる人もいるかもしれない。だが、何らかの「分類の箱」を事前に講師の頭の中に用意しておけば、うまくまとめることは可能だ。

一例をあげれば、「実行にかかる時間」という切り口を設定し、「①今すぐできること」「②時間をかければできること」「③時間をかけても難しいこと」という3つの「箱」をあらかじめ準備しておくことで、ランダムに並んだ改善必要事項をある程度スムーズに分類することができる。それぞれに赤・青・緑のマーカーで○をつけていくとわかりやすいだろう。「ヒト・モノ・カネ・情報」の４分類もよく使われる振り分けである。テーマによっては、有名なマズローの欲求五段階説やハーズバーグの二要因理論などに照らして分類できる場合もある。

いずれにしても、２つ以上の区分を用意して受講生の意見を振り分け、その結果に対して自分が思うところを何かいうことができれば、まずは及第点のまとめになる。「圧倒的に○○が多いんですね。わたしが思うに…」といった正攻法のコメントでもいいし、「実はわたしには意外でした」と自分の予想との差について話す切り口でもいい。

例にあげた「定着率」は、これまでにいちばん数多くやってきたもので、幅広い年齢層・役職層に使えるテーマである。職員の定着についてはみなさんご苦労されているだけあって、毎回多様な意見で白板が埋め尽くされる。

以前は「とにかく給料アップを」との声が多かったが、最近の傾向としては、もちろん給料は高いほうがいいが、それだけでは定着率は良くならない、という意見をよく耳にするようになった。職員に居心地がいいと思ってもらえるような職場環境を、現場リーダーがつくっていくことに苦心している、という声も少なくない。

テーマ設定は大き過ぎず小さ過ぎず

受講生が意見をいいやすいテーマを設定するのも重要である。「これからの介護事業はどうなるのか」といったような大き過ぎる問いかけは、参加型研修には向かない。意見が拡散してしまうからだ。かといって、「遅刻の多い職員にどう注意するか」のような小さ過ぎる問いかけでは、多様な意見はでない。話も広がらない。中間サイズの設問を用意するのがコツだ。

管理者層対象ならば、「利用者の中重度化にどう対応していくのか」「多職種連携の課題とは何か」「当社の介護保険外事業について考える」などが考えられる。一般職員には「給料が上がれば人材不足は解消されるのか」「あなたがこの仕事をやっていて良かったと感じた瞬間は」「あなたが影響を受けた先輩について教えて下さい」などが好評だった。

一般職員向けの設問はトーク番組にもありそうなやわらかい内容に思われるかもしれないが、実際にやってみると、人が働く意味について考える案外まじめな研修になったりもする。問いかけの切り口をあえてずらしてみることも、時には有効である。ぜひ試してみてほしい。

9. サンドイッチ方式で日常業務も教材に変える

その場限りになりやすい。これは集合研修の最大の欠点である。多くの講師が締めの言葉で「本日学んだ内容を現場に持ち帰って活かして下さい」というと思うが、残念ながらそうならないことも多い。2回完結で前編と後編の間に「実務」を挟むサンドイッチ方式の研修ならば、この欠点を少しは緩和できるかもしれない。

宿題と答え合わせの効果

サンドイッチ方式については本書で繰り返し紹介しているが、この手法の肝は、宿題と答え合わせである。事業所によっては、「本日学んだ内容を現場に持ち帰って活かして下さい」というこのセリフそのものを宿題にして、実践レポートを課しているところもあるだろう。これは、レポートを通じて、教えた内容が現場で活用されたかどうかをトレースしているわけだが、後編の研修があれば、このトレースを集合研修の場で直接行うことができる。

たとえばこんなやり方がある。研修テーマは人材育成。対象はミドルマネージャー。前編では「目標管理シート」を使った部下との面談の手法を学ぶ。前編の最後に「次回までにあなたの部下1名と面談を行って、その人の『目標管理シート』を一緒に作ってきて下さい」という宿題をだす。後編ではこの『目標管理シート』の事例発表会を行う。講師は発表者に質問して、前編で学んだ面談の手法を実際に使ってみて上手くいった点や難しかった点をきき出し、参加者全員で共有する。これが答え合わせである。受講生の答えを共有するだけなのだが、様々な課題と課題解決の道筋が示されるため、通常の研修とはひと味ちがう非常に意義深い学びの機会になる。

ちなみに、前章で紹介した「成長計画書」は、この目標管理シートをアレンジしたものである。うまく活用すれば非常に効果の高いマネジメントツールになる。1対1の面談を通じて個人目標を定め、その後小マメな声かけをするなどして目標の進捗管理を怠らなければ、管理者とスタッフとの距離をある程度まで縮めることができる。介護現場のマネジメント上の不具合の多くは、管理者とスタッフのコミュニケーション不足に原因がある。目標管理シートの活用はその有効な対処法のひとつである。使わない手はない。

冒頭のひとことが集中力を高める

教育効果を高めるという視点で、この研修の運営上のポイントを整理しておこう。

まず、前編の冒頭で「この研修はサンドイッチ型である。本日行う前編では『目標管理シート』を部下と一緒に作っていく面談を行う際のコツを教える。現場に戻って実際に面談を実施し、後編で全員にその結果を発表してもらうことになるので、しっかりきいて帰ってほしい」と伝える。最初にこれをいうだけで受講生のきく姿勢はまったく違ってくる。

持ち帰って実際にやってみなければならない、しかも次回の研修でその内容を発表しなければならない、となれば、多くの者は、今日教えられるコツを集中してきき取ろうとする。全員が当事者なのだから、ただ座って研修が終わるのを待っているようなお客さんはかなりでにくくなるだろう。

つぎに、受講生は、きき取ったそのコツをできるだけ現場に持ち帰ろうとするので、メモの量は普通の研修とは比べものにならないくらい多くなる。前でみているとそれははっきりとわかる。また、休憩時間や終了後の質問も間違いなく増える。エビングハウスの忘却曲線を曲げかねない勢いで、覚えて帰ろうとする受講生の熱気が伝わってくる。

配布するレジュメの内容を簡単な項目だけに留めれば、このメモ量はさらに増える。そこまでやるとうまくメモを取れない者もでてくるのが心配というのならば、詳しい内容を記したレジュメを最後に配ってフォローする手もある。

あとに目的を置いて助走化する

目的を現場での実践に置けば、前編の研修は自ずと助走化する。前編はあくまでも、現場で部下と面談して「目標管理シート」を作成するための準備段階の位置づけになるのだ。遺漏のないようにしっかりときき、着実にメモに残して、全力助走しなければ、現場でいい跳躍はできない。しかも跳んだふりがしにくいように、後編で発表しなければならない牽制まで用意されている。

義務教育を受けていた時代を思いだしてみてほしい。その日の学習内容を確認する小テストが最後にある授業は緊張感があった。社会人になってからも、あらゆる研修の中でいちばん切迫感があったのは、本番直前の受験対策セミナーだったのではないだろうか。この研修手法は、現場での実践（本番）をあとに設けることで、「前編では手段を学び切らなければならない」と感じさせ、いい意味での緊張感や当事者意識を生みだそうという仕掛けなのである。

あらゆる研修は、現場での実践と改善を目的とした助走や手段であるべきだ。しかしながら、実施自体が目的化したノルマのような研修や、やりっぱなし研修はあとを絶たない。そうならないように、研修後に実践レポートを課したり、受講生の上司にその後の様子をきいてみたり、場合によっては講師自身が現場をみてまわったりする工夫が行われている。このサンドイッチ型研修も、そのひとつの方法として大いに活用可能である。

前編と後編の間にも研修がある

この研修方式の面白いところは、前編と後編の間の「現場での実践」も実は研修になっている点にある。例にあげた「目標管理シート」を使った部下との面談は、リーダーとしてのマネジメント実務であると同時に、研修で学んだことを実践する機会にもなっている。通常現場で行われている実務を前編後編の集合研修で挟むことで、その実務に実務以外の価値を付加しているわけだ。

前編の研修を「ノウハウを学ぶ機会」、後編の研修を「ノウハウを実践した結果を共有する機会」と位置づければ、この研修方式にはかなりの汎用性があるのではないだろうか。前述したような管理者向けの目標管理やコーチングはもちろんのこと、ユマニチュードのようなケアメソッドを題材にすることも可能だろう。

さらに発想を広げて、人事評価制度や人材育成制度を新しく導入したあとの一種の浸透施策や検証施策として、この枠組みを応用することもできるかもしれない。前編で制度を活用していくノウハウを伝え、現場で実践し、後編でその結果を共有する。問題点があれば改善策についての検討も行う。研修でありながら、ＰＤＣＡサイクルに基づいた制度機能の検証も行えるわけだ。

仮にこの前編後編の間の実践を０・５回分の研修に換算すれば、２回分の経費と労力で２・５回分の研修を行っている計算になる。２セットで１回分、４セットで２回分、ノーコストで研修機会を生み出せる、という考え方もできなくはない。

２回分の既存研修に連続性を与えるだけでも、これまでとはちがう研修をつくることができる。捉え方を変えることで、既にあるものに新たな価値をみいだすことは可能である。工夫の余地はまだまだあるはずだ。

10．名プレイヤーを名コーチに

自分が理解していることと、それを他人に理解してもらえるように伝えることは、まったくの別物である。教えるべきことはわかっていても、的確に表現できないし、なかなか上手く伝わらない。教える実力を持っている人が表現方法で躓いている。実はこの点が、介護職ＯＪＴのひとつの障壁になっているのではないだろうか。

名プレイヤーは名コーチになれる

専門職は腕を磨かなくなったらおしまいだ。介護職も専門職である以上、研鑽を続けることは必須である。また、事業所には、そういう場をスタッフに与え続ける義務がある。だが、研修には手間もお金もかかる。社外研修や外部講師に頼ってばかりもいられない。やはり定期的に行うとなると、結局は自前で教えるほかない。

とはいえ、介護技術に長けた人が、介護技術を教えることに長けた人だとは限らない。前述したように、理解していることと、理解させることはまったくちがうからだ。「名プレイヤー必ずしも名コーチならず」というわけだが、そんな一般論で立ち止まってしまっては話が進まない。ここは逆に「やはり名プレイヤーは名コーチにいちばん近い人だ」と考えてみたい。

名プレイヤーならあなたの事業所にもいるはずだ。「大多数がつかみかねているコツ」を知っている人がせっかく目の前にいるのだ。それを何とか上手く表現してもらう方法を考えてみてもいいだろう。名プレイヤーに名コーチを目指してもらうのだ。

もちろんそれは簡単なことではない。だが、名プレイヤーは、名コーチに必要な条件を必ずひとつ満たしている分、間違いなく他の人よりも名コーチに近い。その条件とは、経験に裏付けられた「説得力」である。

説得力という価値

あなたの事業所にも「○○さんがいうのなら間違いないな」と思わせる人が1人はいると思う。その人は、「説得力」という名コーチの条件を既にひとつ持っている。教え方の上手い下手に関係なく、その人の発する言葉には教える力が宿っているのだ。前節の「3. 講義の教材化」で述べたように、伝える力は「誰が」「何を」「どう話すか」で変わってくる。「誰が」とはオーソライズ（権威があるか）のことなのだが、名プレーヤーは最初からこれを持っているぶん有利なのである。

もしあなたがその人ならば、講師をやらない手はない。以下で、これまで人に教えた経験がない人にでもできる教え方を、現実的な例で考えてみよう。

いまあなたの手元にひとつの研修資料がある。その資料は、先週自主的に参加した地域の研修会で配布されたものである。あなたは、明日行われる事業所内研修で、これを使って研修をしようとしている。さて、どうするか。コピー配布して読み上げる？それはいかにも自分ではすべて理解している名プレイヤーにありがちなやり方である。

もちろん、他人が作った資料をそのまま使って、いきなりわかりやすい説明をしてしまう人はいる。しかし、多くの場合、そう上手くはいかないものだ。コピーを読み上げるだけ、というのは、夕飯のおかずにサバ缶をそのままだすようなものだ。サバ缶が悪いといっているのではない。そんな日もあっていい。ただ、せめて皿に移して少しほぐそう、という話なのだ。「皿に移す」「少しほぐす」というひと手間が、あなたの説明にわかりやすさを与えてくれるだろう。

ベテランが話す。まずそれだけできくに値すると皆が思う。そこにわかりやすさが加わるなら、伝わる力はさらに強くなる。

あなたが重要だと思うところがポイント

たとえばこんなやり方がある。まず、あなたが読んでみて、その資料の中でポイントと思われる箇所に傍線を引いて番号をふっていく。仮にそれは5か所あったとしよう。先ほど述べた「大多数がつかみかねているコツ」というのは、実はその5か所のことなのだ。それらのポイントは、あなたの中の経験が自然に選び出したものなのである。あなたが「ここは大切だな」「なるほど、いいことが書いてあるな」と感じた部分は、あなた以外の人にとってもやはり重要なポイントなのだ。

そのコツをぜひみんなに教えてあげてほしい。あなたの中に眠っている「暗黙知」を「形式知」に変えて表現するのだ。５か所の文章を要約して、大きめの字で白板に書き出そう。これでほぼ準備完了。サバ缶の中身を皿に移してほぐすことができた。

最後にもうひと味加えよう。番号をふった5か所には、あなたの経験に基づく「ここはポイントだと思った理由」が必ずあるはずだ。エピソードがあればなおわかりやすい。たとえば、それがTさんという利用者の事例ならば、白板に書き出した大きめの字の横に忘れないように「例　Tさんのこと」と書いておく。これがあなたにしかできない味付けになる。

さて、いよいよみんなに食べてもらおう。前節で紹介した講義構成の基本手法「導入・展開・まとめ」の出番である。①冒頭で「5つのポイント」を伝える。②各ポイントに差し掛かったら「ここがポイント」といってから説明する。③最後に「5つのポイント」を繰り返す。これをするだけで、あなたの説明は、まちがいなく相手に伝わりやすくなる。

まず研修の冒頭で、白板に書き出した5か所を指して、これらの点が今回の研修のポイントであることを伝える。最初にこれをいうことが重要だ。その上で研修資料を読み上げていく。途中、傍線を引いた5か所のところにきたら、その都度「ここがポイント」と告げて、なぜ重要なのか、エピソードも交えてあなたの言葉で説明する。この説明は上手くなくてもいい。あなたが大切だと思った部分なのだから、必ず伝わる。そして最後に、まとめとして白板の5か所を再度読み上げて振り返る。

いかがだろうか。サバ缶そのものよりもかなりおかずらしくなったと思う。オリジナルのレジュメでなくとも、この手法を使えば比較的容易に研修をつくることができる。名プレーヤーを名コーチにすることは決して不可能ではない。

「目次」と「まとめ」が吸収力を変える

これは教育ノウハウというよりも、コミュニケーション手法の基本中の基本である。だが、どこの介護現場でも行われているのかといえば、残念ながらそうではないだろう。このやり方はOJTの時にも有効だと思うが、実際はまだまだ「背中をみて学べ」式が多いのではないだろうか。

教える行為の前後に「これからやること（目次）」と「いまやったこと（まとめ）」を付けるだけで、受け手の吸収力は間違いなく変わってくる。目次を示されると、人は頭の中に自然と「箱」を用意する。その中に研修知識が流れ込んでいく。上手く入らなかったり、溢れたりもするが、最後にまとめを聴くことで、「箱」の中にしっかりと知識が収まる。そんなイメージだ。

今度地域の研修会に参加する時、後日事業所で前述の方法を使った研修をするつもりならば、おそらくあなたは資料に傍線を引きながらきくことだろう。事前に意識すれば、きき方という行動も変わってくるのだ。それはあなたの研修をきく人たちでも同じなのである。

むすびに

管理者という「型」を演じる

介護事業所のマネジメントには、ある種の「型」がある。自分の性格や嗜好のことは考えず、一旦その「型」を演じてみる。そうすることで、介護事業所の管理者を続けていくことができる。あるいは続けることが少しラクになる。それが本書の結論である。

演じることは難しいだろうか。演じることは不誠実だろうか。そんなことはない。あなたは既に演じている。また、それは決して不誠実な行いではない。

個人と社会（会社）というものは元々そりが合わない。個人主義よりも同調圧力の方が強い我が国でさえ、ひとりの人間と世の中は本来的に相容れない関係にある。それゆえに、両者は演技を通じて共存を図ってきたのだ。演技の介在なくして、この社会は成り立たない。誰もが何とか社会と折り合いをつけるために、この日々を演じている。この世は舞台、すべての人は役者なのだ。

介護事業所の管理者は、専門職・営業職・管理職の三役を一人で演じ分けなければならない。これはなかなか難しい役柄であり、「型」の例示もなしにいきなり演じようというのはかなり無理がある。第1章で示した「2つの課題と7つの要点」は、この難役を演じるために最初に押さえておくべき役柄のプロフィールである。売上を伸ばし、離職者を抑えるために、売上計画、進捗管理、商品力、営業力、離職理由、離職防止、採用施策という7つの壁に挑んでいく。管理者とはそういうキャラクター設定だと考えればいい。

第2章で紹介したのは、そんな管理者が、事業所で12のシーンに臨む際の具体的な演技プランである。「方向性を定める」「仕組みを整える」「動機づけを仕掛ける」というマネジメントの基本的3要素をベースに、それぞれの場面でどのように考え、ふるまうことが管理者らしいのか、自分なりの考えを示してみた。

ポイントは、権限委譲や多能工化・多分業化を行って、とにかくマネジメントに割く時間を捻出することだ。管理者には、管理者にしかできない仕事が数多くある。事業と人材育成について、計画を立て、その進捗を追い、時折振り返って軌道修正を行い、成果を評価し、また次の計画を立てていく。その中で、職員間の揉め事を収め、サービス改善や事故予防に取り組み、新人をティーチングし、既存職員をコーチングする。こういったマネジメントの仕事を行うためには、まず、物理的な時間を確保する必要がある。

「俯瞰」の位置から人を動かし人を育てる

管理者は常にケアの現場にいる。だから現場のことがよくわかっている。臨機応変な判断もできる。そこにプレイング・マネージャーとしての価値がある。しかし管理者は、現場にいるがゆえにプレイングに引きずられ、マネジメントの時間を奪われる。マネジメントが停滞すると、計画立案↓進捗確認↓軌道修正↓成果評価という流れが滞り、職員間の揉め事は見逃され、サービス改善や事故予防の取り組みも疎かになる。新人教育も、既存スタッフの育成も、半ば放棄される。この静かな停滞が、少しずつ事業所を蝕んでいく。それを忘れてはいけない。

ケアサービスというプレイングをある時は行いつつ、その一方で、強い意志をもってプレイングと一定の距離を保つ。そして、事業所全体を「俯瞰」する位置に立つ。ここに介護事業所マネジメントの勘所がある。

第3章では、多種多様な勉強術と教育手法を示してみたが、リーダーという存在が時に指導者と呼ばれるように、人材育成はリーダーシップに欠かせない要素でもある。スタッフたちに専門職として歩むべき道を指し示し、正しい方向へ導く。そんな物語が展開されることが理想だ。

自分を成長させてくれるリーダーの下に人は集う。経験・プレゼン・講師・社内留学・映画という事柄を学びに結び付けていくやや曲芸めいた切り口は、新たな学びに飢えたスタッフたちの目には興味深く映ることだろう。従来のＯＪＴや研修運営に別の角度をつけて再提出していく10の事例も、研修慣れしたスタッフたちの気持ちを揺さぶることに役立つはずだ。

人を率いるという行為の中に教育があり、教育の中に人を率いるという行為がある。この関係性を理解できたとき、あなたのリーダーシップは次のステージに進むに違いない。

「型」をなぞっていても、あなたがあなたであることに変わりはない。たとえ最初は誰かの物真似であったとしても、やがてその物真似の面（おもて）にあなた独自の表情が滲み出てくる。それはもはや演技ではない。もうひとりの自分である。

管理者は、もともと「いる」ものではない。あとあと「なる」ものだ。そして、自分でみつけるものなのだ。

あとがき

伊勢神宮では、20年ごとに数百億円の巨費を投じて、内宮・外宮の正殿や社殿の他、装束や神宝などをすべて新造・新調する。その理由は諸説あるが、技術継承の面では、この式年遷宮という仕組みによって、古来より伝わる「唯一神明造」の技が途絶えることなく次世代に受け継がれている。

たとえば、最初に建築に携わった新人の宮大工は、次の建て替え時には熟練工として再度建築に携わることができる。20年に一度の建て替えがあることによって、1人の職人が一度目は新人として学び、二度目は経験者として新人に教えるという技術継承のサイクルが維持されているのである。つまり、伊勢神宮は、定期的に宮を遷すことで、匠の技を次世代に移してきたのだ。

わたしには宮大工のような技術はない。伝承の使命を負っているわけでもない。ただ、介護保険制度下における事業のあり方を20年間模索し続けてきた経験だけはある。かつてわたしと一緒に仕事をしてきた仲間の中には、既に一線を退いた者やこの業界から離れてしまった者も少なくない。疾病、体力の限界、組織が求める成果と自分が目指すケアとの乖離、やりがいの搾取への懐疑、経営層への抑えがたい軽蔑心など、その理由は様々だが、彼ら彼女らの介護現場での実践には、非常に優れたものが多々あった。自分は管理職でありながら、長年そのマネジメント手法から強い影響を受け続けてきた。わたしの介護事業の師は、常に現場の管理者たちだったのだ。

だが、彼ら彼女らのそういった知見は、残念ながら次世代にほとんど残されていない。なぜなら、当時現場で直接継承を受けた者たちの多くもまた、既に現場を去っているからだ。それほどまでに、介護業界の人材の入れ替わりは激しい。

入れ替わりが激しいから知見が残されていないのか、知見が残されていないから入れ替わりが激しくなるのか。それはまちがいなく後者だ。かつての仲間たちが試行錯誤の中でみつけ出していった事業所運営の手法や手順、ものの考え方は、管理者をはじめとする人材の流出を食い止めることにもきっと役立つはずだ。そう考えてこの本を書いた。本書に記したマネジメントに関する介護事業独自の「型」が、現役管理者とこれから管理者になる人たちの何らかの助けとなり、少しでも介護現場をイキイキさせることにつながれば、これ以上の幸せはない。

式年遷宮の技術継承のプロセスは、実はもう少し複雑だ。伊勢神宮は正宮・別宮の建設のために160名の職人を2年間雇用するが、その約2割に当たる30名の優秀者については、次の式年遷宮まで継続雇用する。神宮内の摂社や末社の修繕等に当たらせて、彼らの腕にさらに磨きをかけるのだ。そして彼らは、次の式年遷宮の5年前からはじまる準備期間中、段階的に新規雇用されてくる130名を順次教育していく。このようにして古の技は1500年間も守られてきたのである。

果たしてわたしたちは、この20年間で2割の優秀なリーダーを残してこられたのだろうか。これからの20年間で残していけるのだろうか。現場を活性化し、多職種連携とLIFEという2つの壁を乗り越えていくヒントは、おそらくここにある。

この場を借りて、本書の出版に至るまでお世話になった方々に感謝を申し上げたい。

まず、本書の原型となった専門誌への連載機会をいただいた株式会社法研および当時編集担当であった工藤明子氏には、改めて御礼を申し上げたい。

兵庫県立大学の小山秀夫名誉教授と、日本ヘルスケアテクノ株式会社の河内理恵子社長には、本書出版のために多大なお力添えをいただいた。お二人のご尽力がなければ、この本が世にでることはなかった。また、推敲段階においては、小山先生からリーダーシップとマネジメントに関する貴重なご指導も数多く頂戴した。根気強くここまで導いてくださったことに、ただただ深く感謝を申し上げたい。

経験は機会から生まれる。その機会を誰かから与えられることで、仕事上の経験というものは蓄積していく。大川一則氏、扇田守氏、佐藤優治氏、馬袋秀男氏、森本榮氏、多くの諸先輩方が与えてくださったその時々のチャンスが、わたしに数多くの貴重な経験をもたらしてくれた。それらの経験が本書の基層を成していることは疑いようがない。改めて厚く感謝を申し上げたい。

経験を文章に変えるのは示唆である。誰かから与えられる示唆という手掛かりがなければ、混沌とした経験を客観的な文章にしていくことはできない。くちなしの会のメンバーである田中知宏氏、梅津寛子氏、田尻久美子氏、渡邊智仁氏、皆さんとの膨大な対話の中に、わたしは多様な示唆をみつけてきた。休日や深夜に行われた経営学や人材育成に関する飽くなき討議、麻と辣に満ちた鋭利で魅惑的な批評の数々が、自分に与えた影響は計り知れない。年下の、学び続ける畏友たちの発する言葉が、思考停止と怠惰を貪るわたしに、考えることと書くことを常に促してきた。その事実を、心からの感謝とともにここに記しておきたい。

加えて、妻と2人の息子にも感謝しなくてはならない。息子たちが育ったのはほとんどが妻の手によるものだが、家庭を持ち、彼らの成長を目の当たりにしなければ、わたしが人材育成という仕事に本気で取り組むことは、おそらくなかった。学校や研修会場だけが学びの場ではない。家庭も含めて、人の様々な営みの中にも教育的価値があると自分が考えるようになったのは、家族からの影響が大きい。

機会と示唆と学びによって人は育つ。それが、皆さんから教わったことだ。マネジメントの道は、長く、険しいが、育ちながら歩めば、決して前に進めないわけではない。わたし自身、まだこの道のりの途中にいる。道半ばで来し方を振り返って記した本書が、介護現場でマネジメントを続ける人たちの行く末の一助となることを切に願っている。

2021年10月

柴垣　竹生

参考文献

『新潮日本古典集成 世阿弥芸術論集』 田中裕校注 1976年 新潮社
『エミール』上・中・下 ジャン=ジャック・ルソー 今野一雄訳 2007年改版 岩波文庫
『H・ミンツバーグ経営論』 ヘンリー・ミンツバーグ DIAMONDOハーバード・ビジネス・レビュー編集部 編訳 2007年 ダイヤモンド社
『この1冊ですべてわかる コーチングの基本』コーチ・エィ 鈴木義幸監修 2009年 日本実業出版社
『それでも企業不祥事が起こる理由 "法令遵守"を超えるコンプライアンスの実務』 國廣正 2010年 日本経済新聞出版
『人口減少時代の社会資本の維持管理・更新のための技術継承と技術者確保に向けて - 伊勢神宮の式年遷宮からの示唆 - 』 植村哲士 2011年 NRIパブリックマネジメントレビュー
『実践知 エキスパートの知性』 金井壽宏/楠見孝編 2012年 有斐閣
『駆け出しマネージャーの成長論 7つの挑戦課題を「科学」する』 中原淳 2014年 中公新書ラクレ
『社会医療ニュース』小山秀夫(発行人) 2020年~2021年 社会医療研究所
『カールじいさんの空飛ぶ家』 ピート・ドクター&ボブ・ピーターソン共同監督 2009年 米映画
『英国王のスピーチ』 トム・フーパー監督 2010年 英・豪・米合作映画

柴垣竹生（しばがき　たけお）
株式会社エクセレントケアシステム　執行役員　人材開発部部長
兵庫県立大学大学院経営研究科（ＭＢＡ）講師／日本介護経営学会会員
１９６６年大阪府生まれ。大手生命保険会社勤務後、１９９９年に介護業界に転じ、上場企業および社会福祉法人において数々のマネジメント職を歴任。２０１９年より現職。人材部門の責任者として、管理者および介護職の育成に携わっている。本業の傍ら、ＭＢＡで講義を受け持つほか、公益財団法人介護労働安定センター等で、人材育成、介護経営、介護倫理に関する講演実績多数。部類の映画ファンとしても知られ、近著に、老優48名の俳優論を通じて高齢者の新しい生き方を探った『老いに優れる　老優に学ぶ人生１００年時代のロールモデル』がある。

介護現場をイキイキさせるマネジメント術

２０２１年10月1日　第1刷発行

著者　柴垣　竹生

発行者　河内　理恵子

発行所　日本ヘルスケアテクノ株式会社

〒１０１－００４７

東京都千代田区内神田１－３－９　ＫＴ－Ⅱビル４Ｆ

印刷・製本　有限会社　ニシダ印刷製本